반짝이는

별에
기대어

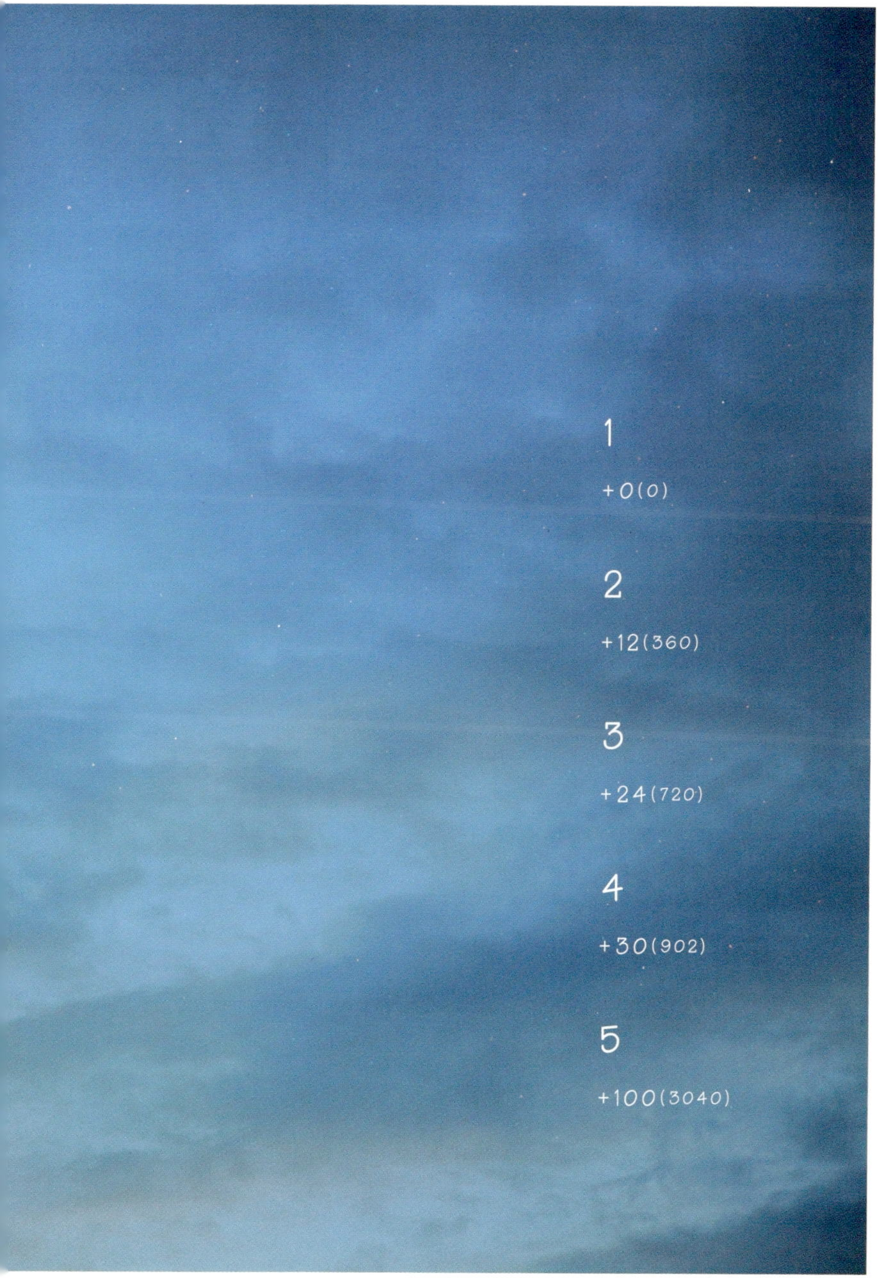
1
+0(0)
2
+12(360)
3
+24(720)
4
+30(902)
5
+100(3040)

1

+0(0)

뒤늦은 사춘기

대학에 입학했다. 난 우주만큼 커다란 꿈을 품고 미술대학에 진학한, 풋사과 향 가득한 대학 새내기였다. 고등학교 졸업 때까지 사춘기도 겪지 않았고 그림에 흥미가 있었기 때문에 대학 진로를 크게 고민하지 않았다. 이때까진 부모님의 기대에 부응하는 말 잘 듣는 착한 딸이었다. 내 인생은 별 탈 없이 순조롭게 흐르는 것만 같았다. 재밌어 보이는 동아리에 가입도 하고, 어려워 보이는 대학 강의를 들으며 지식의 폭을 넓히려 애써 보기도 했고, 신입생 환영회의 술자리에 불려 다니며 처음 마시는 소주의 독한 향에 취하기도 했다. 자유로움에 젖어 모든 것이 내가 원하는 대로 이루어지리라 생각했다.

하지만 신입생의 들뜬 봄이 훌쩍 지나 버린 후에 내가 서있는 이곳의 모습이 천천히 보이기 시작했다. 유행을 따라가지 못하면 도태되는 곳, 헝클어진 머리카락을 대충 동여매고 꼬질꼬질한 모양새로 밤샘 작업을 하며 학교 작업실 구석에서 쪽잠을 자는 게 익숙해지는 곳, 생활 습관은 불규칙해지고 밤낮이 바뀐 채 살아야 하는 곳, 아침의 태양보다 밤의 별이 친숙해지는 곳, 생존의 치열함으로 무장해 항상 친구들과 경쟁해야 하는 곳, 이 모든 것들이 겉으론 예뻐 보이지만 남들이 모르는 미대생의 속사정이었다.

이것이 그토록 기대하던 대학생활이었던가? 내가 찾던 학교 생활은

이런 게 아니었다.

투명하게 빛나던 대학의 봄은 찰나의 반짝임으로 막을 내렸다.

현실과 이상의 차이

대학교는 고등학교와 다르게 모든 것을 스스로 결정하고 행동해야 했다. 곁엔 가족도 없었고, 선생님이 옆에서 공부하라고 다그치지도 않았으며, 객관식은 없고 주관식만 가득한 세상이었다. 자유로운 시간과 생활이 주어지지만 정작 나는 그 시간을 어떻게 만들어 나가야 할지 몰라 답답하기만 했다. 대학생활은 4년이란 시간을 최대한 남들과 다르지 않게 끝마치는 것이라 생각했다. 주어진 생활비를 사용하고, 최대 학점을 받기 위해 노력하는 모습, 그것이 내가 받은 주관식에 대한 모범답안인 것 같았다.

누군들 대학생활이 고되고 바쁘지 않겠느냐마는 나 또한 청춘이라는 가련한 이름 아래 불확실한 미래를 향해 아등바등 살아가고 있었다. 왕복 3시간의 통학 거리, 자격증 준비, 학점 관리, 공모전을 위한 밤샘 작업. 그 무렵의 나는 학업을 뺀 다른 것을 둘러볼 여유가 없었다. 물론 이렇게 사는 삶이 그저 무심히 흘러가는 시린 바람만은 아니었다. 열심히 준비해 공모전에 입상하기도 했고, 학교 안에서 틈틈이 할 수 있는 아르바이트를 하며 눈알이 빠지도록 공부해 장학금을 받기도 했으니 남들이 보기엔 보람찬 삶이라 할 수도 있겠지.

그런데 이상하게 한숨을 쉬는 날이 늘어갔다. 경쟁에 뒤처지지 않으려 조바심 내며 앞만 보고 달리느라 내 삶 속에 나는 없었다. 무엇을 위해 이 경쟁을 시작했는지도 모르겠다. 즐거운 삶을 위해 선택한 미술이었지만, 지금은 성적과 상을 받기 위해 그림을 좇는 사람이 되어 있다. 누군가에 의한 삶들이 내 존재를 흐릿하게 지워가고 있었다.

이대로 시간이 지워 주는 단계를 잘 따라가다 보면 무사히 졸업하게 될 것이고, 전공을 살려 취직하고, 여자로 사랑받으며 결혼해 인자한 엄마가 되겠지. 평범하지만 평탄한 미래가 보장되는 삶이 기다리고 있는데 왜 난 안정적인 미래를 선뜻 따라가지 못하고 있을까? 이조차 불안한 길이라 내 미래를 의심하고 있었던 걸까?

이러지도 저러지도 못하고 남을 따라가기에 바쁜 내 모습에 점점 지쳐 가고 있었다. 그러다가도 설레는 모험을 하고 싶은 감정이 불쑥 찾아오면 그 마음을 애써 외면했다. 나는 겁쟁이였다. 끝이 보이지 않는 목적지를 향하는 마음이 겁났기 때문에 온갖 핑계로 낯선 도전을 꺼리고 있었다. 내가 원하는 것이 무엇인지, 원치 않은 것은 무엇인지, 그조차도 정하지 못하는 내 모습이 한심하게 느껴졌다. 그저 내가 원하는 것은 매일 밤을 새더라도 웃을 수 있는 즐거운 삶, 험난하더라도 보람된 삶을 사는 것이었다.

나의 가까운 사람부터 먼 사람까지 안타까운 눈으로 내게 말했다. 비통하고 가혹한 현실 속에서 혼자만 이상을 꿈꾸는 배부른 소리하는 것 아니냐고, 그냥 다들 사는 대로 맞춰서 살라고, 그래야 남들과 함께 결승점에 도달할 수 있다고, 튀는 삶이 주는 위험을 혼자 감당하지 않았으면 좋겠다고.

내 자아는 파도에 휩쓸리는 작은 모래알 같았다. 무엇을 위해 걷고 있는지도 모르는 이 길을 이탈한다 해도 전혀 이상하지 않은 상태였다.

40명이 들어가도 남을 만큼 큰 작업실, 시계는 자정을 향해 흐르고 있다. 몇몇 학생은 색색의 물감을 쌓아 놓은 테이블 위에서 원하는 색깔이 나올 때까지 세찬 붓질을 해대고 있었고, 또 누군가는 작업실로 새어 들어오는 차가운 밤바람을 피해 구석에서 양말을 겹겹이 신은 채로 누군가가 침대를 대신해 가져온 소파 위에서 체면을 벗어 던지고 단잠에 빠져 있었다. 나 또한 며칠인지 모를 밤을 새며 남들같이 치열한 척, 남들과 다르지 않은 척 속마음에 가면을 씌우고 과제에 열중하고 있었다.

어느새 친해진 밤하늘의 별들이 우중충한 내 마음을 달래 준다. 무수히 많은 저 별들 가운데 내 미래를 알고 있는 별이 단 하나라도 있을까? 창문 너머로 보이는 빛나는 북극성이 이 어지러운 고민의 나침반이 되어 준다면 얼마나 좋을까. 그럼 망설이지 않고 당장 저 별을 따라 나설 텐데. 방향을 잃고 미로에 갇혀 버린 내 청춘에 차가운 바람만 한적하게 불어온다.

지금 이토록 설레는

한번뿐인 삶과 되돌릴 수 없는 시간 속에서 정해지지 않은 주제로 인생을 채울 수 있다면 어떤 주제로 포트폴리오를 만들면 좋을까?

무더운 여름 태양이 짜증스러운 햇빛을 뿌리던 어느 날, 의미 없는 클릭을 반복하며 무심히 인터넷 서핑을 하던 중 시선을 사로잡는 글 제목이 있었다.

'개발도상국 파견 해외봉사단원 모집.'

해외에 보내 준다니. 게다가 미술을 가르치는 건 내 전공이잖아. 심지어 전액 지원?

신청하지 않을 이유를 찾는 것이 더 어려울 것 같았다.

지금까지 미술이 나를 위한 것이었다면 개발도상국으로 떠나는 미술 봉사활동은 모든 사람을 위한 것이었다. 미술을 앞세워 세상을 경험할 수 있으니 완전한 일탈이라고 생각하지 않았고, 짧은 외출 후엔 다시 내 자리로 돌아올 수 있을 것 같았기에 두렵지도 않았다. 어쩌면 나는 이런 새로운 경험을 간절히 바라고 있었던 것 같다.

누구나 쉽게 도전할 수 있는 평등한 기회였다. 수많은 지원자들과 치열하게 경쟁해야 한다는 두려움보다 태어나 한 번도 가본 적 없는 낯선 대륙의 사람들을 만날 수 있다는 설렘이 더 컸다. 머릿속은 밀물처럼 밀려오는 흥을 주체할 수 없었다. 봉사활동이 내 마음속에 던진 작은 돌멩이는 잔잔한 호수에 일렁이는 파도가 되었다.

"미술이든 레크리에이션이든 아무 거라도 좋아. 당장 지원서를 써야겠어. 떨어진다고 해도 좋아. 난 지금 너무 설레잖아."

그렇게 시작된 2주간의 봉사활동은 우연한 날에 찾아온 적당한 기회였다. 다소 즉흥적이었지만 가식적이지 않은 마음으로 발을 내딛었다.

단계적 이유

나는 우즈베키스탄의 작은 마을에서 봉사활동을 처음 경험하였다. 아이들과 레크리에이션 활동을 하고, 한국 음식을 만들어서 잔치를 열거나 마을 청소를 하고, 그곳 대학교와 문화 교류를 위해 밤새도록 배운 태권도를 외쳤었다. 그들에게 뭔가를 가르쳐 주고 문화 교류를 한다는 것은 봉사자로 쾌감을 느끼게 해주었다. 왠지 한국을 대표한다는 느낌이 들어 더 신났는지도 모르겠다. 봉사활동이라는 것은 나도 그들도 다 즐겁기만 한 일인 줄 알았다.

그런데 네 번째로 갔던 인도에서 봉사활동에 대한 내 생각이 조금 달라지기 시작했다. 쓰레기 더미 위에서 놀고 있던 꼬맹이들의 발엔 신발이 없었고, 나에게 빵을 팔기 위해 커다란 소쿠리를 들이밀던 아이는 고작 초등학생쯤으로 보였다. 학교를 가야 할 시간에 학교가 아닌 곳에서 보이는 아이들이 너무 많았다. 새카만 때가 손톱 끝에 잔뜩 끼어 손은 언제 씻었는지 의문이고, 얼굴 곳곳에 마른 콧물이 눌어붙어 있어 감기라도 걸린 건 아닌지 걱정이고, 파리는 왜 이렇게 많이 날아다니는 건지 음식의 위생 상태까지 걱정되었다.

빈민가 사람들을 보며 봉사활동을 다시 돌아보게 됐다. 얕은 생각으로 봉사활동이 즐겁다고만 생각했던 내 생각이 우스워지는 순간이었다. 점점 내 마음에 물음표가 생기기 시작했다. 짧은 기간 봉사 활동을 다녀간다고 해서 이들의 가난이 해결되고 아이들이 교육의 혜택을 누릴 수 있게 되는 걸까? 결국 이런 봉사활동은 나를 위한 활동이 아닐까? 갈수록 생각이 많아졌다.

개발도상국 아이들의 교육환경은 열악했다. 삶의 낙후와 가난으로 인해 그들의 의지와는 상관없이 재능을 허비하고 있는 것처럼 느껴졌다. 하루의 추억이 아닌 아이들의 능력과 그들을 지켜봐줄 선생님 역할을 할 수 있는 사람이 많아져야 한다는 생각이 들었다.

'이들에겐 체계적인 교육을 해주고 지켜봐 주는 사람이 필요하지 않을까?'

그림을 그리고 공예품을 만드는 것이 그들의 생활에 얼마나 도움이 될지 감이 잡히진 않았지만 단지 하루나 이틀의 시간을 함께하고 간 낯선 외국인 아닌, 몇십 년 후에도 그들의 생활에 도움이 될 수 있는 선명한 사람으로 남고 싶었다.

나는 정이 많으며 사람들과 어울리는 것을 좋아하는 꽤 낙천적인 사람이었다. 때론 덤벙대다 실수할 때도 있지만 내가 흥미 있다고 믿는 일에 직진하고 몰두하는 사람이기도 했다. 다행히 내겐 그림을 그리는 재능이 있었고, 꽤 적절한 방식으로 그들에게 가르칠 수 있을 것 같았다.

일주일, 이주일 봉사활동 시간이 늘어나면서 매 학기가 끝나면 서둘러 어떤 형식이든 상관없이 봉사활동을 쫓기 시작했다. 조금씩 봉사활동의 시간이 길어지며 희미해지던 '나'라는 존재의 의미가 다시 짙어지기 시작하는 듯했다.

한없이 망설이는 용기가 내게

대학교를 졸업하고 나니 취미 같은 봉사활동은 이젠 그만둬야 하는 것이 되어 있었다. 내 자리로 돌아와 남들처럼 일자리를 구하고 꼬박꼬박 월급을 저축해 미래를 준비해야 했다. 아니, 다들 그렇게 해야 한다고 내게 말했다. 단지 이 길이 내가 살아 있음을 느끼기 때문인데 주변의 시선은 곱지 않았다. 가족조차 더 이상의 봉사활동을 위한 출국을 반대하고 있었기 때문에 KOICA(한국국제협력단, Korea International Cooperation Agency) 서류전형을 몇 번 합격하고도 끝내 최종면접을 볼 수는 없었다. 어차피 가지도 못할 걸 알면서도 몇 번이나 지원서를 썼다 지우길 반복했다. 나는 옅은 상사병을 앓고 있었다.

졸업 후 아이들의 그림을 봐주고, 다달이 나오는 월급을 받으며 사회인으로 경력을 쌓아 가고 있었지만, 나의 상사병은 쉽사리 날 놓아주지 않았다. 멋지지 않아도 자유로운 그림, 투박해도 창의적인 그림을 그리던 아이들의 재미있는 시선이 그리웠다. 조그만 손으로 크레파스 몇 조각을 손에 꼭 쥐고서 그림인지 낙서인지 애매하게 헷갈리는 어떤 것을 그려 놓고선, 만족스러운 표정으로 나에게 스케치북을 보여 주던 꼬마들이 잊히지 않았다. 일을 마치고 집으로 돌아오면 한참동안 컴퓨터를 켜놓고 지난날의 사진들만 뒤적거리고 있었다.

봉사활동을 하고 온다고 사람들이 박수 쳐주는 것도 아니고, 좋은 일 했다고 알아주는 것도 아닌데, 자꾸만 그것들이 지워지지 않고 떠올랐다. 내가 살아 있음을, 뜨거웠음을, 행복했음을, 그 감동들이 쉽사리 잊히지 않았다. 못된 사랑니가 난 것 같았다. 뒤늦게 솟아나 비좁은 공간을 비집고 얼굴을 삐죽 내밀고 있는 탓에 아프고 괴로웠다.

어느 날, 혼자서는 더 이상 감당되지 않는 이 감정들을 아빠에게 터놓았다. 나의 용기가 한없이 가벼워 누군가의 응원이 간절했지만, 내 욕심으로 인해 남겨질 가족에게 미안한 마음이 가득해 자꾸만 의도치 않은 눈물이 왈칵 쏟아졌다. 그날, 그렇게 난 아빠를 부둥켜안고 한참을 울었다. 주황빛의 은은한 해가 빠끔히 아침을 밝히는 순간부터 까맣게 내린 어둠 위로 반짝이는 별이 나타나기까지. 그렇게 수백 번의 낮과 밤이 지나고서야 안정적인 보통보다 모험적인 특별함을 좇기로 결심했다.

"잘하고 돌아올게요. 아빠가 특별한 길을 가고 있는 딸을 응원하기 잘했다고 말할 수 있게."

살랑이는 아프리카 향기

KOICA 1차 서류 지원서 양식엔 여러 가지 질문이 있다. 2년이라는 긴 시간 동안 해외에 파견될 지원자를 몇 가지 질문만으로 파악해야 했기에 질문은 추상적이고 포괄적이었다. 사람에 따라서 아주 어렵기도 하고 반대로 아주 쉽기도 한 질문들이었다. 정해진 글자 수 안에 내 삶을 꾹꾹 눌러 담아 보여 줘야 되기 때문에, 글을 쓰다 보면 나의 과거, 현재, 미래를 돌아보는 큰 그림을 그릴 수 있게 된다. 내가 왜 봉사활동을 하고 싶은지 돌이켜볼 수 있는 충분한 시간을 주는 것이었다.

많은 사람들이 왜 아프리카냐고 묻는다.

"내가 가장 무지했던 곳에서부터 시작하고 싶어요."

어쩌면 이 대답이 싱겁다 생각하겠지만, 거창한 이유 같은 건 생각나지 않는다. 나도 모르는 사이 잠식당했다고, 가장 열악한 곳으로 가야할 이유는 그저 무의식에서 비롯한 끌림 때문이라고 말하면 사람들이 비웃을까. 단지 그들에게 꿈꿀 수 있는 긍정적인 내일이 있다는 걸 알려 주고 싶다. 곤경에 처한 이들을 그냥 지나치지 못하고 안타깝게 생각하던 감정이 결국 아프리카까지 무의식적 끌림을 허락했다.

'봉사활동을 떠나고 싶은 이유를 설명해 보세요'라고 말한다면, 내 마음을 설명할 알맞은 단어가 떠오르지 않는다. 지금은 '봉사정신'이라는 틀에 박힌 말밖에 못하겠지만, 2년 뒤엔 내가 무엇을 위해 봉사활동을 떠났는지 사람들에게 설명할 수 있는 명쾌한 해답을 가지고 돌아올 수 있게 된다면 좋겠다.

과연 2년을 잘 버텨낼 수 있을까?

봉사라고 해서 그저 베푸는 것이 아니라 했다. 그 안에서 내 모습을 돌아보고, 그들을 통해 나의 모자람을 채워올 것이라 생각한다.

이제부터 나는 미술 선생님이 되어 학생들을 가르치게 될 것이다. 실은 외국 아이들을 가르친다는 게 무섭고 겁나지만, 그 전체의 무게를 삼켜 버릴 만큼 설렘이 크다. 희생과 나눔이라는 두 가지 의미를 가슴에 새기지만, 예측할 수 없는 것들을 얼마나 많이 경험하게 될까?

까마득한 밤하늘의 별을 보며 간절히 빌었던 게 이렇게 이루어지나 보다. 기대가 실망으로 돌아올까 두려워 들뜬 마음은 애써 차분하게 다독이기로 했다.

2
+12(360)

어쩐지 두근두근

최종 출국 인원은 4명으로 확정되었다. 여자 3명과 남자 1명이 에티오피아로 향하는 비행기에 올랐다. 에티오피아의 하늘은 깨끗하게 닦아 놓은 투명한 유리잔처럼 눈부시게 맑았다. 한국의 하늘보다 더 뽀얀 하늘빛을 가지고 있었고, 뜨거운 태양의 열기에 녹았는지 잔잔한 구름이 듬성듬성 떠다니고 있었다. 커다란 중동항공기가 활주로에서 출구를 찾기 위해 느릿하게 바퀴를 굴리는 동안 심장은 쿵쾅거리고, 엉덩이는 들썩거리고, 눈은 쉴 새 없이 주위를 두리번거렸다. 지루했던 장시간 비행이 끝났다는 기쁨과 에티오피아를 빨리 만나고 싶다는 기대감이 어우러져 당장 비행기를 박차고 나가고 싶었지만, 머리맡의 오렌지색 안전벨트 신호등이 꺼지기까지는 한참 더 기다려야 했다.

'내가 아프리카에 왔구나. 정말로 와버렸어.'

아프리카의 공항이라곤 믿을 수 없을 정도로 웅장하고 깨끗했다. 우리는 입국 심사를 받기 위해 복잡하게 엉켜 있는 사람들 틈에 엉성하게 서있다. 최선을 다해 그들의 질서를 따르지만 그 끝에서 우리를 맞이하는 건 사무소의 직원도, 선배 단원도 아닌 에티오피아의 느리게 흐르는 시간이었다. 이 나라의 느릿한 시간이 내 심기와 빈번하게 충돌할 것 같은 기분은 괜한 기우였으면 좋겠다.

오랜 기다림을 지나 입국심사를 마치고 공항을 나선다. 살갗을 찌르는 매서운 햇볕이 버겁다. 덕지덕지 바른 선크림이 무색하게 얼굴이 금세 빨갛게 달아오르지만, 에티오피아의 풍경이 눈에 들어오는 건 여전히 출렁거리는 반가움이 진정되지 않기 때문이다.

여유롭게 의자에 앉아 손님을 기다리고 있는 택시 기사들, 만남의 기쁨으로 어쩔 줄 몰라 하는 연인들, 짐을 옮겨 주고 돈을 받으려 하는 청년들, 군복 차림에 공항을 경호하는 군인들, 한국에서도 볼 수 있는 그다지 낯설지 않은 풍경들이 계속된다. 낯선 것은 족히 5미터가 넘어 보이는 큰 야자수와 사람들의 피부색 그리고 그들이 주고받는 언어 정도일까.

내가 알던 아프리카는 흙집, 기아, 빈곤, 허허벌판, 무표정한 사람들, 파리 같은 것들로 가득했었는데, 지금 내 눈에 보이는 것들은 사람이 살아가는 평범한 모습, 어디서나 볼 수 있는 평범한 삶이었다.

실망하지 않으려 많은 기대를 하지 않겠다고 생각했지만, 그런 생각이 오히려 아프리카에 대한 더 큰 편견이었던 걸까. 내 안에 자연스럽게 스며들어 있어서 차마 편견이라고 생각하지 못하고 있던 것들이 불시에 내 뒤통수를 친다. 이제부턴 그동안 나 혼자의 상상으로 만들어 놓은 아프리카를 지우려 한다. 내가 에티오피아에서 가장 먼저 해야할 것은 그들을 바라보는 편견을 지우고 그들의 질서 안에 자연스럽게 녹아드는 방법을 탐구하는 일이었다.

손에 들려진 관용여권을 만지작거린다. 에티오피아에서 살아가는 동안 내가 가져야할 책임감은 이 붉은색 여권이 주는 무게 만큼이라 생각한다. 나는 이제부터 조그만 돛단배를 타고 묘묘한 바다를 건너야 한다. 항해를 하며 수많은 역경을 만나게 되겠지만, 그 때마다 이 관용여권의 책임감을 떠올리려 한다. 봉사활동을 시작할 디데이가 막을 올렸다.

에티오피아에서 2년, 난 이곳에서 가슴 떨리는 성장기를 맞게 될 것 같다.

낯선 땅의 이방인

에티오피아에 도착하자마자 간단한 환영식을 위해 현지 KOICA 사무실로 향했다. 장시간 비행이었지만 피곤한 기색은 온데간데없고 소원을 이뤘다는 감격으로 가득 차있었다. 공항에서 사무소로 가는 길은 꽤 멀었다. 아마도 처음 가는 길이라 멀게 느껴지겠지만, 지금은 1분 1초가 무료할 틈이 없다. 하루 종일 차만 타고 다닌다 해도 싫증 나지 않을 것 같은 기분이다.

쭉 뻗은 링 로드 아스팔트 위를 달리는 조그만 차들을 구경하며, 으레 새롭고 예쁜 것을 만나면 정해진 의식처럼 카메라를 찾는다. 창문 너머로 보이는 에티오피아의 모습을 하나라도 놓칠세라 눈과 손이 바쁘게 움직인다.

바깥 풍경에 현혹된 사이, 우리를 태운 차는 사무소에 도착했다. 커다랗게 뚫린 창문으로 채광이 잘되고 있었다. 칸막이가 쳐진 업무 공간, 화이트보드에 빽빽하게 채워진 한 달 치 스케줄, 컴퓨터 모니터 너머로 색색이 붙어 있는 일련의 메모지, 책상 위에 높게 쌓여 있는 서류들, 분주한 사무소 직원들. 이곳엔 한국과 똑같은 분망이 느껴졌다. 두꺼운 책자들이 얄밉게 창문을 가리고서 창 너머의 에티오피아 풍경을 방해하고 있으니, 사무소에 들어서기만 하면 에티오피아 안에서 가장 완벽한 한국을 만날 수 있었다. 에티오피아에서 한국을 느낄 수 있는 가장 쉬운 방법은 사무실로 찾아오는 것일지도 모른다니 왠지 모를 이질감이 신선하게 느껴진다. 우리를 환영해 주는 사무소 직원들과 두루 인사를 나누고 다시 차에 올라타 마지막 목적지인 숙소로 향한다.

길 위를 가로지르는 염소와 양떼, 과일 가게에 주렁주렁 매달려 있는 바나나, 작은 나무 의자 위에 앉아 구두를 닦고 있는 남자들, 검은 연기를 뿜으며 덜거덕거리며 달리는 낡아빠진 봉고 버스, 무서운 눈이 그려진 스티커를 붙이고 다니는 트럭들, 흰색 스카프를 둘러쓴 여성들, 길거리 위에서 쉽게 볼 수 있는 노점 카페들. 넓은 링 로드를 달릴 때와 다르게 숙소로 향하는 좁은 포장도로는 에티오피아를 조금 더 자세히 들여다볼 수 있었다. 차창 밖 풍경을 바라보는 낯선 이방인의 감정이 좋다.

여행으로 온 것은 아니지만, 들뜬 기분이 쉽사리 가라앉지 않는다. 아무나에게 부탁하건데, 조금만 딱 오늘까지만 들뜬 내 맘을 모른 척 해주었으면. 처음이라는 이 소중한 감정이 익숙한 일상으로 변해 버리면 모든 것이 시시해져 버릴 테니 나를 감싸고 있는 이 달콤한 마법이 최대한 더디게 사라지길 빌어야겠다.

나의 에티오피아, 언제나 신선하고 낯설기를…

마땅한 자격

이날은 수도 단원이 근무하는 참전용사촌 초등학교를 방문하는 날이었다. 이곳의 도서관은 KOICA 프로젝트의 성공 사례였고 한국에서 다큐멘터리 촬영이라도 오는 날엔 꼭 이곳을 거쳐 가는 KOICA의 자랑스러운 결과물이다. 1층엔 KOICA 미술 단원의 미술 교실이, 2층엔 도서관이 있었다. 도서관에 들어가기 위해선 계단을 올라가야 하는데 그 계단 끝에 올라서면 산자락에 다닥다닥 여러 채의 집이 연결된 마을이 보인다.

"저기에 사는 사람들이 이 학교로 오나요?"

"보통은요."

"저 동네는 잘사는 동네인가요?"

"아니요. 저 동네는 에티오피아 안에서도 가난한 동네에 속해요."

푸석한 벽과 튼튼해 보이지 않는 슬레이트 지붕을 겨우 받치고 있는 집들이 보인다.

이 학교는 한국전쟁 참전 군인의 자녀들이 많이 다녔던 학교라 했다. 1950년대만 해도 에티오피아는 우리나라보다 잘살았었다. 아프리카 중 거의 유일하게 식민 지배를 받지 않아 자부심이 강한 나라라고 했다. 셀라시에 황제는 전쟁을 겪어 봤기에 만약 약한 나라가 전쟁에 휘말리면 반드시 도움을 주겠다고 했고, 지구 반대편에서 한국

전쟁이 발발하자 황제의 뜻으로 에티오피아에서 엄선된 최강 정예부대 '강뉴부대'가 한국에 온 것이었다. 마치 자신의 나라를 지키듯 전방에서 중공군과 격전을 벌이며 몸을 사리지 않았고 그들의 용맹함은 부대의 이름처럼 적을 '격파'하는 최강의 부대였다. 그렇게 한국의 험한 전쟁터에서 힘겹게 살아 돌아왔지만, 에티오피아는 군부 쿠데타로 셀라시에 황제가 죽임을 당하면서 공산주의 체제가 되었고, 한국전쟁에 참전했던 군인들은 자본주를 지향하는 국가를 도왔다는 이유로 재산을 몰수당하고 그 자손까지 핍박당하는 고초를 겪게 되었다. 자손들은 한국전쟁 참전 용사의 후손이라는 자부심과 더불어 가난을 물려받게 된 것이다.

부끄럽지만 이런 이야기는 에티오피아에 오기 전까지 알지 못했다. 커피로 유명해져 에티오피아라는 이름이 익숙하고 여행 프로그램 덕분에 에티오피아라는 여행지가 낯설지 않게 됐지만, 정작 그들에게 받았던 고마운 역사에 대해선 생소했던 것이다.

도서관을 둘러보고 있으니 선배 단원이 아래층의 미술실로 우리를 안내한다. 그곳엔 그동안 다녀간 많은 KOICA 미술 선생님들의 흔적들이 켜켜이 쌓여 있었다. 벽면엔 학생들의 그림이 가득 붙어 있고, 천장까지 높이 솟은 사물함 속엔 다양한 종류의 크레파스와 색연필이 꽉 차있었다. 널찍한 교실을 둘러싸고 있는 기다란 책꽂이엔 갖가지 자료들이 빼곡하게 꽂혀 있고, 그 옆에 자리 잡은 작은 사물함엔 낯선 언어로 쓰인 학생들의 스케치북이 가득했다.

미술실에 서서 찬찬히 물감의 향을 맡아 본다. 이곳에서 미술 선생님들이 얼마나 열정을 쏟았는지, 얼마나 많은 시간들을 아이들에게 선물하고 갔는지, 여백 없이 꽉 채워져 있는 이 교실이 말해 주고 있었다. 몇 개의 스케치북을 꺼내 한 장씩 그림을 넘겨봤다. 말괄량이들이 개구지게 장난치며 그림을 그렸을 거라 생각하니 나도 모르게 웃음이 피식하고 나왔다. 아직 채워야할 스케치북이 많이 남았으니 앞으로도 아이들의 즐거움은 계속될 것 같구나. 내가 쏟아야할 열정을 답습하고서 이 공간을 맘껏 눈에 담아 놓는다.

미술실을 구경하고 나오니 몇 명의 학생들이 창문 너머로 얼굴만 빠끔 내밀다 나와 눈이 마주친다. 머쓱해진 아이들은 커다란 눈망울을 깜박거리며 가지런한 하얀 치아를 내보이며 웃는다. 그들을 보며 내 다짐을 한 번 더 확인하게 되었다. 오늘 교집합이 된 한국과 에티오피아 역사를 접하며 내가 이곳에 오게 된 것이 결코 우연이 아님을, 그들에게 받은 은혜에 내 힘을 보탤 수 있다는 것에 감사함을 느꼈다. 그들을 보며 한 번 더 확신하게 되었다. 서툴더라도 진심을 다해 다가가야겠다. 이들이 커서 자신의 아이들에게 가난이 아닌 배움을 물려줄 수 있도록.

ባርክልኝ

Ethiopian የኢትዮ

익숙해질 그 언젠가를 위해

에티오피아는 아프리카에서 드물게 고유 문자인 '피델'이 있다. 한자를 제외하고 지금까지 사용되는 문자 중 가장 오랜 역사를 지닌 문자이기도 하고, 발음하기도 어렵지 않아 말하기가 편하고 좋다. 그림을 전공한 내게 피델의 첫인상은 독특하고 깔끔했다. 봉사활동을 다니며 외국인들에게 간단히 한글을 가르쳐준 적이 있는데, 예쁘게 생겨서 호기심이 생기는 문자라고 했었다. 그러고 보니 내게 에티오피아 피델이 그렇게 보인다. 생김새는 흡사 우리나라 고대 동굴 벽화에 나올 법한 그림같이 생겼고, 어떤 글자는 안경 같기도, 빗방울 같기도, 사람 같기도 했다. 한쪽 다리를 쭉 잡아 늘어트린 것 같은 모양이거나 우산을 씌워 놨나 싶기도 하고, 작은 빗방울이 가득 매달린 것 같기도 하고, 포도송이나 체리같이 생기기도 했다. 글자를 한데 모아놓으니 왠지 그림 같아 보이기도 하고, 비밀 암호를 푸는 것 같은 기분도 든다. 어쨌거나 유려함이 내 맘에 쏙 든다.

그러나 공부를 해야 하는 현실은 조금 다르다. 보기 좋은 떡은 맛이라도 좋지 막상 글자들을 외우려니 뇌가 폭발할 것 같았다.

봉사단원은 현지적응훈련 기간에 언어 교육을 집중적으로 받는다. 기념일이나 별다른 행사가 있는 게 아니라면 평일 아침은 숙소 근처에 있는 현지어 학원이 첫 일정이 된다.

아무리 전날 일찍 잠을 자더라도 아침에 일어나는 건 고역이었다. 이게 다 저혈압 때문이라고 핑계라도 대고 싶지만, 어차피 지금 내 실력에 게으름은 가당치도 않다. 아침마다 날 깨워 주는 동기들에게 고마움을 전할 뿐이었다. 눈은 퉁퉁 부어 있고, 잠이 덜 깨서 자꾸만 몽롱해지니 골치 아프지만, 포장이 덜 된 도로 위로 크고 작은 돌멩이들이 구식 봉고차를 위아래 좌우로 사정없이 흔들며 격하게 아침 인사를 한다. 이런 난리를 겪으면 절로 잠이 깨버린다. 현지 물정 모르는 외국인 티를 내고 싶지 않았기에, 전투적인 자세로 학구열을 이글이글 태워 보지만 내 맘을 몰라주는 암하릭 피델은 글자가 많은 것도 모자라 왜 이리도 다 비슷하게 생긴 건지. 머릿속에만 맴도는 한국어가 암하릭어로 터져 나오긴커녕 벙어리 냉가슴 앓듯 복장만 터지고 만다.

하지만 내가 좋아하는 애플망고를 '커다란 걸로 주세요!'라고 말할 때, '커피에 넣을 설탕은 따로 주세요!'라고 말할 때, 미니버스에 올라타 '전 앞자리에 타고 싶어요!'라고 말할 때, 숙소 근처에서 놀고 있는 꼬맹이들에게 '난 중국인이 아니야!'라고 말할 때, 근처 작은 가게에서 '탄산음료 차가운 걸로 주세요'라고 말할 때는 하고 싶은 말들을 막힘없이 쏟아 냈다.

그렇게 사소한 듯, 사소하지 않은 말들을 하나씩 배우며, 하루에 한 순간씩 에티오피아에 젖어들고 있다. 언어! 익숙해질 그 언젠가를 위해 부지런히 달리는 중이다.

유달리 단전만 가득히

즐겁고 신나는 일정 속에서도 절대 피할 수 없는 것이 세 가지가 있었다.

단전, 단수, 벼룩.

'이래도 너 에티오피아에서 2년을 견딜 수 있겠어?'라며, 인내심의 한계를 측정하는 에티오피아의 악랄한 시험 같았다. 한국에서 평생을 살면서 이 세 가지를 경험해본 적이 몇 번이나 있었던가. 에티오피아에선 단전은 꽤 규칙적으로 자주 일어나는데 계획적이지 않은 정전도 빈번하게 일어났다. 멋진 춤도, 맛있는 음식도, 예쁜 글자도 에티오피아라서 가능하지만 단전도, 단수도, 벼룩도 에티오피아이기에 거부할 수 없는 현실이었다.

내가 에티오피아에 파견된 그해는 최악의 전기 가뭄이었다. 전기를 모아 다른 나라에 팔기 위해 계획 단전을 실시한다고 했다. 자국에서 쓸 전기도 차단하면서까지 수출한다는 게 의아했지만, 에티오피아는 전기 생산의 잠재력이 큰 나라였다. 그나마 지금이야 단전이 조금씩 줄어들고 있다고 하지만 심할 때는 24시간, 48시간 동안 전기가 들어오지 않았고, 내가 에티오피아에 입국했을 땐 그나마 조금 사정이 나아져 12시간씩 격일로 전기가 들어오고 나가는 상황이었다.

하루의 해가 저물 즈음이면 마음이 초조해졌다.

"어떡해! 6시가 다가오고 있어!"

낮에 일어나는 정전은 꽤 버틸 만했지만, 해가 지는 6시부터는 정말 아무것도 할 수 있는 게 없었다. 열악한 환경을 예상하고 왔지만 대처하는 방법엔 미숙했던 것이다. 간발의 차로 대책 없이 불이 꺼지면 나와 동기들은 머리를 콩콩 박으며 양초를 찾아 헤매는 좀비가 되었다.

우리와 달리 현지인들은 어찌 이다지도 평온한 건지. 낮이라면 전기가 나갔는지도 모를 만큼 옆집 앞집 모두 덤덤하게 하던 일을 이어나간다. 학교에서 컴퓨터 작업을 하다가 단전으로 갑자기 컴퓨터가 꺼져도 '찌끄리 엘름(no problem)'이라고 말한다. 에티오피아 사람들은 자존심이 강하다고 하는데 그들이 내뱉는 '찌끄리 엘름'이라는 말은 생각보다 훨씬 광범위하게 쓰인다. 굳이 문제로 삼지 않으려는 성격에서 나오는 말이라고 생각이 들기도 하고 미안하다는 말 대신에 흔하게 사용하는 말이기도 했으니, 정말 문제가 없는지 헷갈린다. 문제가 생긴다 해도 시비를 걸 사람은 없어 보이지만 이들은 모든 문제에 '찌끄리 엘름'을 '쿨'하게 외쳐 준다. 작성하고 있던 문서가 모두 날아가도 말이다.

다시 단전 이야기로 돌아와서 밤에 단전이 되더라도 촛불을 켜놓고 음식을 마저 마무리할 뿐 별다른 기척이 없다. 내 집만 단전이 됐다고 착각할 정도로 아이들은 변함없이 집 안 곳곳에서 까르르거리며 놀기 바쁘다. 이들의 평정심은 호들갑스러운 내 모습을 민망하게 한다. 나라면 매일 불만을 터뜨렸을 텐데 이곳 사람들은 순응하면서 살아가고 있다. 어쩌면 변화시킬 수 없는 현실에 대한 순종인 걸까? 그들의 유순함에 놀람을 금치 못했다.

그런데 2달이 지나면서 내게도 단전은 특별하지 않은 일상이 되었다. 나도 어느새 에티오피아 환경에 순응하게 된 걸까? 이제는 익숙해진 어두한 숙소 한 켠에서 양초를 몇 개 찾아내 더듬더듬 요리를 완성하거나 동기들과 함께 도란도란 이야기를 하며 시간을 때우거나 전기가 들어올 때까지 하염없이 별을 바라보거나 모든 할 수 있는 일을 다하고도 정말 할 일이 없으면 그냥 이불을 뒤집어쓰고 오지 않는 잠을 억지로 청하기도 했다. 단전의 장점은 물질적 욕심에서 벗어날 수 있고, 쓸데없이 허비하는 시간을 편집해 주며, 규칙적인 생활을 하는 사람으로 만들어 준다.

전기쯤이야 있으면 있는 대로 없으면 없는 대로 살아 보는 거지 뭐. 단전이 되는 날엔 밤하늘의 달과 별이 유독 예쁘게 빛나는 느낌이 든다. 내가 좋아하는 밤하늘의 친구들을 만날 수 있게 해주니 얼마나 좋아. 암전 속에 별빛의 하모니가 시작된다. 선물로 준 단전은 감사하게 받을 테니 예쁜 달이랑 별은 오래 두고 가렴.

나의 아스타마리

오전과 오후, 하루 종일 암하릭 수업이 있는 날이면 오전에 학원으로 가서 암하릭을 배우고 오후엔 숙소에서 아베라 암하릭 아스타마리(에티오피아 말로 '선생님'이다)를 기다린다. 그럭저럭 수업을 잘 따르고 있는 착한 학생의 모습으로 지내고 있다. 수업이 지루하거나 어려운 건 아니었지만, 날씨가 좋은날엔 가까운 카페에 들어가 맛있는 주스를 마시며 선선한 바람을 따라 흐르는 시간들을 만끽하고 싶기도 했다. 유숙소를 탈출하고 싶은 유혹을 견디기 곤혹스러울 때가 종종 있었지만, 나는 2달간 착실한 학생이 되어야 했기에 수업이 시작되면 천천히 흐르는 시곗바늘을 채찍질하며 오늘의 공부가 얼른 끝나길 바랐다.

아베라 선생님은 풍채가 좋은 중후한 중년 선생님이었다. 아무리 더운 날에도 가죽 재킷을 벗지 않는 멋쟁이 선생님이기도 했다. 가죽 재킷에 선글라스를 끼고 등장하시는 날엔, 모자만 더해졌어도 선생님의 전직은 창공을 가르는 파일럿이 아니었을까 하는 착각을 하기도 했다. 멋에 더해 카리스마도 철철 넘쳤기 때문에 나른한 오후 시간이었지만 졸릴 틈이 없다.

선생님은 수업에 대한 사명감과 책임감이 강했다. 정성을 듬뿍 담아 그린 그림으로 우리의 이해를 돕기도 하고, 때론 우리 앞에서 연기자가 되어 모노드라마를 찍기도 했다. 혹여나 여담을 나누다가 수업 시작이 10분 늦었다면, 10분을 연장해서라도 수업 시간은 꼭 채우셨고, 힘겨워하는 우리의 학습 능력 때문에 오늘의 진도를 다 나가지 못하고 수업이 끝날 것 같은 날엔, 보충수업으로 그날의 분량을 꽉꽉 채우고선 뿌듯한 표정으로 교실을 나가셨다.

내가 필요해서 언어를 공부하고 있지만, 게을러터진 두뇌가 빠르게 회전하지 않고 노쇠한 집중력이 자꾸만 딴전을 피우고, 느슨해진 눈꺼풀이 수시로 흘러내린다. 수업을 재미있어하면서도 버거워하던 나를 선생님은 어떤 마음으로 보고 있었을까? 돌이켜 보면 내가 에티오피아에 빨리 적응할 수 있었던 것도 이런 성실한 언어 선생님을 만났기 때문이었으리라. 선생님은 그간 만났던 에티오피아 사람들과는 달리 빡빡한 면이 더러 있었지만, 우리에게 가르쳐준 암하릭을 30개월간 매우 잘 활용하고 돌아왔으니 최고의 스승을 만난 셈이다.

눈을 감으면 떠오르는 멋진 나의 선생님. 지금도 가죽 재킷과 선글라스로 멋을 내고 에티오피아어를 배우고 싶어하는 외국인들에게 열성을 다해 수업을 해주고 있겠지. 그를 보며 내가 누군가의 선생님이 되었을 때 매 순간 최선을 다했던 선생님으로 기억되면 좋겠다고 생각했다.

100원짜리 동냥

빈곤이라는 것은 단순히 가난이라는 말로는 모자란 다차원인 부족함을 말한다고 한다. 그것이 게을러서 가난하게 될 수도 있고 아무리 노력해도 사회가 가난의 굴레에서 벗어날 수 없는 구조이기 때문일 수도 있다.

현지적응훈련 기간 동안 다양한 경험을 했다. 2개월간 나는 무엇을 기억에 담았던가. 어떤 이는 두세 채의 집을 가지고 높은 임대료로 수익을 벌어들이고 있지만, 어떤 이는 쓰러져 가는 흙집에서 가림막도 없이 벽 귀퉁이에 바닥을 깊게 파서 만든 오물이 가득한 화장실 구덩이와 아이들이 잠자는 바닥 깔개 사이의 경계도 없이 생활하고 있었다. 길거리에는 족히 수십 층은 되어 보이는 멋진 빌딩들이 시간을 다투어 만들어지고, 화려한 옷과 장신구를 갖춘 사람들이 활보하고 있다. 그런데 또 멀지 않은 길거리에는 학교도 가지 않고 이른 시간부터 아이들이 두 손에 껌과 과자를 팔기 위해 내게로 달려온다. 화려한 건축물과 멋진 자동차, 노숙자와 빈민가가 이질적으로 섞여 있다. 아름다운 풍경 속에 헐벗은 그들의 삶도 극단적으로 공존하고 있었다.

내가 에티오피아에 도착해 만났던 다양한 에티오피아인들은 좋은 환경에서 일하는 사람이 대부분이었고 우리와 별반 다르지 않은 모습에 놀라 아프리카의 빈곤은 나의 편견인 줄만 알았지만, 그리 멀지 않은 곳에 가난의 그늘이 진하게 펼쳐져 있었다. 막연히 이 사람들을 도와줘야겠다고 생각해서 에티오피아에 왔지만, 다가오는 많은 노숙자들에게 돈을 줄 수 없고 매번 구걸하는 어린아이에게 동전을 쥐어줄 수도 없다.

나의 조급한 동정심으로 아이들이 학교에 갈 수 있는 것도 아니고 노숙자들의 집이 만들어지는 것도 아니란 걸 알게 되었기 때문이다. 맨 처음 이곳에 왔을 때 구걸하던 아이에게 돈을 쥐어준 적이 있다. 비루한 그 아이의 모습이 너무 불쌍했기에 내가 갖고 있는 1비르짜리 하나를 쥐어 줬었다. 1비르는 당시 환율로 우리나라 돈 100원의 가치도 되지 않았다. 그런데 갑자기 여기저기서 더 많은 아이들이 나를 향해 다가왔다. 한 손은 입에 한 손은 배에 올려놓고 '나도 배가 고프니 돈을 달라'는 모양새로 말이다. 곁에 있던 현지인의 도움을 받아 아이들을 쫓아 버렸지만, 공평하게 받지 못한 분노가 이내 구걸에 성공한 아이에게로 쏠렸다. 눈빛이 사나운 아이들은 구걸에 성공한 아이를 둘러싸더니, 돈을 뺏을 때까지 한참을 때렸다. 흙 범벅이 된 아이의 희생이 발생하고 나서야 그 상황은 종료되었다. 어설픈 동정심이 낳은 참극을 눈앞에서 확인한 것이다. 나의 경솔한 행동이 한 아이를 고통스럽게 만들고야 말았다. 미안함에 차마 아이를 바라보지 못하고 고개만 떨구고 말았다.

'미안하다, 아이야. 대가 없는 이득은 내게도 네게도 도움이 되지 못하는구나.'

훗날, 외국인에게 무언가를 얻기 위해 달려오는 아이들을 쫓아 내던 어떤 현지인이 내게 말했다.

"구걸하는 사람에게 이유 없이 돈을 주지 마! 너희들이 그들을 거지로 만들고 있어."

그랬다. 내가 줘야할 것은 100원짜리 동전 대신 그들이 자립할 수 있는 기회, 열심히 일하면 그들의 삶도 서서히 변할 수 있다는 희망, 분리된 배척이 아닌 분배되는 이해일 것이다. 멀지 않은 날 이 아이들의 손에 구둣솔과 껌이 아닌 연필과 공책을 들 수 있게 되기를. 미약하더라도 그들에게 도움이 될 수 있다면 내 노력을 기꺼이 드리리.

가혹한 시련의 시대

아, 맞다. 설렘에 취해 내가 처한 현실을 간과하고 있었다.

출국을 앞둔 몇 주 전, 현지에서 필요한 것들을 준비하기 위해 현지에서 활동을 하고 있던 단원에게 연락을 했었다.

"이번에 미술 교육 단원으로 뽑혀 출국을 앞두고 있어요. 미리 준비할 것이 있다면 조언 부탁드립니다."

친절했던 그분은 현지에서 필요한 것들과 준비해야할 것들 그리고 현지 상황을 몇 가지 귀띔해 주었다. 아프리카라고 해서 더울 것만 같았던 에티오피아는 사실 고산지대라 일교차가 매우 큰 나라였고 새벽녘이면 패딩을 입고 다닐 정도로 기온이 낮아진다고 했다. 그리고 큰 슈퍼에 여러 가지 주스, 빵과 식료품이 있고, 외국에서 수입해 오는 식재료나 생활용품도 있으니 한국에서 많은 걸 사오지 않아도 현지에서 웬만한 건 거의 다 해결할 수 있다고 했다. 그리고 지금 나의 선임 단원 그러니까 내가 파견될 학교에서 일하고 있는 봉사단원이 연장을 생각하고 있더라는 말도 함께 전해 주었다.

'그렇다면 나의 파견지는 바뀌는 건가?'

나의 에티오피아 파견이 취소된 것도 아니었으니 선배 단원의 임기 연장을 대수롭지 않게 여기고 출국을 준비하고 있었다. 에티오피아 입국 후 이미 선배 단원의 연장과 나의 입국은 꽤나 화젯거리였던 것 같다. 내가 이곳에 입국한 초반, 선임의 연장 신청 승인이 심사 중에 있다고 말했다. 현지적응훈련 기간 동안 만난 단원들마다 나에게 "선배 단원이 연장 신청했다던데? 일할 수 있겠어요?"라고 물었다. 그도 그럴 것이 나의 입국부터 선임 단원의 연장은 1년이라는 시간이 겹쳤고 여타 단원들에 비해 이렇게 긴 시간이 겹치는 것은 흔하지 않았던 상황이었기 때문이다. 현지적응훈련이 한창이던 어느 날, 선임의 연장이 확정되었다는 소식이 들렸다. 모두들 파견을 앞두고 기대에 들떠 있지만 나는 마냥 웃을 수가 없었다.

'이제 나의 자리는 사라져 버린 건가?'

사무소에선 내게 말했다.

"일단 원래 학교로 가시는 걸로 알고 있으면 됩니다."

결국 그대로 같은 곳으로 파견된다는 건가? 1년이 겹친다니. 이건 너무 긴 시간이잖아. 난 거기서 뭘 해야 하지. 과연 내가 할 수 있는 게 있기는 한 걸까?

단원을 관리하는 담당자를 만날 때마다 다른 기관으로 바꿔 달라고 요청해 봤지만, 달라지지는 않았다. 이 문제에 대해 고민을 나누던 동기들도 이제 곧 각자의 파견지로 떠나는데 혼자서 잘 극복해낼 수 있을까? 에티오피아에 오기 전의 패기는 온데간데없고, 소극적이었던 예전의 모습으로 돌아가려 하고 있다. 나는 지금 에티오피아에 적응하는 것보다 더 근본적인 문제로 방황하고 있었다.

각자의 본분

복잡한 상황이 정리되지 않은 채 원래의 파견지로 가게 되었다. 이제부턴 떠들썩하던 식사 시간도 조용해지고, 보고 싶은 사람들을 만나기 쉽지 않겠지. 감내해야할 것들은 스스로 삭혀야 한다. 반짝이는 행복도, 빛나는 하루도, 아름다운 감성은 수면 아래로 가라앉아 언제 다시 떠오를지 모르지만, 그래도 애써 담담한 척 강한 척 그 자리를 지키고 있어야 한다. 여전히 같은 자리에 서있을 그때의 난 혼자가 아닐 테니까. 아와사로 내려오는 길은 많은 생각을 하게 만드는 시간이었지만, 이런저런 다짐으로 주눅 들어 있는 내 마음을 다스려 본다.

아디스아바바에서 멀어질수록, 번화한 도시의 모습에서 천연의 에티오피아로 변해 가고 있었다. 포장된 외곽도로를 달리고 있었지만 수시로 나타나는 움푹 파인 길을 피하지 못하고 덜컹거린다. 창문으로 쏟아지는 따가운 햇살을 피하려 하지만 남쪽으로 내려갈수록 햇살은 더 강해지는 것 같았다. 아마도 점점 적도와 가까워지고 있으니 당연한 건가. 후덥지근한 공기가 차 안을 가득 메우고 있다. 이 뜨거운 공기도 이제 익숙해져야할 것들 중에 하나일 테지만 아직은 익숙하지 않은 온도에 내 몸이 붉게 물들고 있었다.

벌써 3시간째, 지평선이 멋지게 드리워진 넓은 대지를 달리고 있다.

건기로 접어들어 마른 풀이 무성한 대지와 청명한 하늘 아래 아무것도 없는 갈색 땅에 담장도 없는 네모반듯한 흙집들이 이정표마냥 보인다. 제한된 영역 없이 드넓은 대지 위로 염소와 닭이 뛰어다니고, 간간이 보이는 넓고 동그란 선인장까지 내겐 이 모든 것이 신기하고 예쁘게만 보였다.

한 시간을 더 달려 야자수 나무가 드리운 한 도시에 도착했다. 넓고 깨끗한 아스팔트 도로 위를 사뿐거리며 달리는 작은 오토바이 택시들, 길거리 카페에서 차를 마시며 여유로운 사람들, 수북이 쌓인 양파와 감자를 사기 위해 흥정하는 상인과 손님들, 호루라기를 불며 수신호로 교통정리를 하고 있는 경찰 아저씨, 인도 위에서 돈을 받고 체중계로 몸무게를 재어 주는 남자가 보이고, 도로가로 튀어나올 만큼 굵은 뿌리를 가진 나무가 한두 그루가 아니다.

바로 이곳이 내가 앞으로 살아야할 에티오피아의 남쪽 도시 아와사구나. 메마른 바람, 따가운 햇살, 드넓은 대지, 이 속에서 내가 숨 쉬며 살아가게 되겠지.

복잡하게 엉킨 실타래를 홀로 풀어야 하기에, 시작이 겁나기도 하지만 학교에 가면 어떤 방법이라도 생길 거라고 믿으며 아와사의 풍경에 나의 우울한 근심을 녹여 버린다.

정착하지 못하는 이유

아와사엔 체육 단원, 컴퓨터 단원, 연장을 신청한 미술 단원이 살고 있었다. 앞으로 나까지 총 4명이 이 큰 도시 안에서 다양한 분야에서 봉사활동을 하게 된다. 수도에서 틈틈이 사 모은 식기와 생활용품을 사용하려면 당장 내가 살 집부터 구해야 했다. 체육 단원과 컴퓨터 단원은 남자였기 때문에 신세를 질 수가 없고, 현지인의 집이나 호텔 같은 곳도 안전상의 이유로 거주하기가 마땅치 않았다. 선임 단원의 1년 연장 신청이 승인되었고, 3주간의 휴가를 받아 한국으로 국외휴가를 간 상태라 집은 비어 있었다. 급한 대로 선임의 집에서 임시로 거주하기로 했지만 3주가 지나기 전에 무조건 내 집을 찾아야 했다.

선임의 집은 동화책에 나올 법한 울창한 나무로 뒤덮인 아담하고 예쁜 집이었다. 대대로 단원이 살던 집이라 살림살이는 물론 가구들도 여백 없이 꽉 차있었다. 심지어 아와사 도시 전체가 단수가 될 때도 이 집만은 단수가 일어나지 않았다는 전설의 집이기도 했다.

'아와사에 내려오기 전 많은 단원들이 말했던 좋은 집이라는 게 여기구나.'

단원들마다 내가 '물려받을 뻔 했던 집'이라는데 그때마다 우울해진다. 편하게 집을 얻으려는 기회를 탐낸 벌을 받고 있는 것 같다.

갈 곳도 할 것도 없는 내 신세가 초라해져서일까. 왠지 모를 서러움을 느낀다. 이 모든 것들을 미리 예상하고 왔더라면 조금이나마 덜 서러웠으려나. 차라리 처음 파견되는 신규 단원이었다면 좋았을 것을. 그랬다면 집을 얻는 것부터 그 안에 채워야할 가구와 살림살이들을 찾으러 다니는 당연한 일 때문에 속상해할 일도 없었을 텐데.

좀처럼 처음의 두근거림으로 돌아가지 않고 별의별 잡생각이 머릿속을 헤집고 다닌다. 봉사를 왔으니 불편함은 마땅히 감수해야 한다고 생각하지만 한국에서 귀에 딱지가 앉도록 듣던 파견지 변수 중 한 가지의 상황을 겪게 되니, 처음과 달리 마음이 마냥 괜찮지가 않다. 사람들을 만날 때마다 초대받지 않은 불청객이 된 것처럼 눈치만 보게 된다. 자신 있게 내 의견을 피력하지 못하고, 남들이 하는 말에 고개만 끄덕거리고 있다. 무엇을 해도 내 자리가 아닌 군식구가 되어버린 느낌. 꾸역꾸역 삼킨 퍽퍽한 빵처럼 자꾸만 마음이 답답해진다. 내 존재는 정착하지 못하고 겉돌고 있었다. 마음이 따갑다.

나의 하루

카랑카랑 이름 모를 새의 울음소리가 여기저기에서 들리면 누가 깨우지 않아도 눈이 저절로 떠졌다. 거실 한 켠에 놓여 있는 소파에서 눈을 뜬 지도 벌써 일주일이 지난 것 같다.

아침은 별 것 없이 시작된다. 깨끗하게 세수를 하고 긴 머리카락을 휘휘 감고서 수도에서 사온 시리얼을 뜯어 밥그릇에 가득 담고 냉장고에서 전날 슈퍼에서 사온 비닐팩에 담긴 우유를 꺼내 시리얼 구석구석을 채운다. 시리얼을 다 먹고 나면 전날 입고 잤던 옷은 대충 개어 소파 위에 올려놓고, 가벼운 차림으로 갈아입고서, 얼굴엔 뜨거운 햇볕을 조금이라도 피할 수 있는 선크림을 듬뿍 발라 준다. 선글라스는 답답해서 끼지 않고 KOICA에서 받은 챙 넓은 모자로 출근 준비를 마무리한다. 풀과 잔디가 우거진 마당을 지나 대문 앞에서 지나가던 바자지(3륜 오토바이 택시)를 잡으려 손을 흔들어 보지만 내 앞을 지나치는 만석의 바자지가 야속하기만 하다. 선배 단원의 집 앞에서 바자지를 타려면 차비 이외에 도로 위에서 하릴없이 기다릴 줄 아는 인내심과 여분의 시간을 지참해야 했다. 아침부터 30분 넘게 바자지를 기다리다 보면 과거에 자전거 국토대장정을 했던 기억을 되살려 앞으론 자전거로 출퇴근을 해야겠다고 결심하게 된다.

학교는 아직 수강 변경 기간이라 정규 수업은 시작되지 않았고, 학생들은 시간표를 짜느라 분주해 보였다. 미술 선생님들도 시간표를 조율하는 기간엔, 수업보다 선생님 간의 회의로 바쁜 시간을 보내고 있었다. 요 며칠 동안은 별 다른 일도 주어지지 않았다. 혼자서 학교 교정 이곳저곳 구경하거나 학교 선생님들과 학교 카페에서 커피를 마시거나 미술과 선생님들을 쫓아다니며 학교 교실을 구경하는 정도면 학교 일과가 끝이 났다. 점심시간은 12시를 조금 넘기고 시작되는데, 나의 코워커들은 집에서 점심을 먹고서 오후에 일이 있으면 학교로, 일이 없으면 그대로 퇴근을 했다.

아침부터 큰 포부를 가지고 출근한 나에겐 오전의 이런 느슨한 일과는 힘이 빠질 수도 있지만, 어차피 에티오피아에서 빡빡함이란 눈을 씻고 찾아봐도 어려운 일이었으므로 별로 개의치 않기로 했다.

오전의 일과가 끝나면 오후에는 같은 지역에 사는 단원들의 도움으로 빈집을 찾아다니며 동네 이곳저곳을 걸어 다녔다. '예미커리야베트(렌트하우스)'라고 적힌 종이가 걸린 집을 찾아 막연히 걷는다. '델랄라'라고 해서 집을 중개해 주는 사람이 있긴 했지만, 수소문해서 중개인을 찾는다 해도 그가 데려가는 집은 내 사정과 동떨어진 집들이라 헛걸음을 하는 게 대부분이었다. 델랄라가 동네 전체의 빈집을 아는 게 아니었고, 현지인들 대부분이 델랄라에게 줄 수수료를 아끼기 위해 대문 앞에 종이로 빈집을 알려 놓고 직거래를 선호하기 때문에 내가 원하는 집을 찾으려면 '예미커리야베트'라고 적힌 종이가 걸린 빈집을 찾아 막연히 걷는 수밖에 없었다.

햇볕에 얼굴이 달아오르면, 가까운 카페에 들어가 주스로 열기를 식히거나 샌드위치로 체력을 보강하고서 걷고 또 걸었다. 해가 질 즈음이면 내일은 내일의 태양이 뜰 것이니 내 맘에 쏙 드는 집을 만날 수 있을 거란 기대를 가지고 집으로 돌아온다.

집으로 돌아오면 하루를 마감하는 일은 그리 복잡하지 않다. 지친 몸을 소파에 뉘이면 정전이 되기 일쑤였다. 양초에다 불을 붙여 어둠 속에서 할 수 있는 일을 찾아볼까 하다가도 몸이 지쳐서인지, 마음의 여유가 없어서인지, 코앞에 있는 마당으로 나가 밤하늘을 마주할 겨를도 없었다. 딱딱한 소파 위에서 얇은 이불을 덮고 조금 뒤척거리다 보면 나도 모르게 스르르 눈이 감겼다. 언제 잠들었는지도 모르겠지만, 어느새 카랑카랑 새소리가 귀를 찌르고 또다시 새로운 새벽을 맞이하며 어제 같은 하루의 일과가 시작되곤 했다.

이곳에 오기 전엔 이렇게까지 새 나라의 어린이는 아니었는데, 이렇게 규칙적인 시간을 보내다 보니 밤의 적요함을 느낄 새도 없이 하루가 금방 지나간다. 바쁘다고 하기엔 결과가 텅 비었고, 불편하다고 하기엔 해결책이 없는 하루가 계속되고 있다.

우리는 코워커라 불립니다

봉사단원이 기관이나 학교에 파견되면 단원을 전담하는 담당자를 붙여 주는데 보통 '코워커'라고 불리는 사람들이다. 이곳 아와사 교사양성학교에서 나를 맡아줄 코워커 선생님이 생겼다. 2년 동안 의지하고 기대야 할 나의 별들을 소개해볼까 한다.

첫 번째 별, '게타훈'이라고 불리는 학과장 정도 되는 선생님이었다. 내가 아와사에 오기 전에 KOICA 초청을 받아 한국에 연수도 다녀왔다. 아와사 단원이라면 거의 다 그의 집에서 홈스테이를 했을 정도로 KOICA 단원을 좋아했다. 신규 단원을 맡으면 KOICA에서 주는 혜택이 많았기 때문에 그가 나서서 홈스테이를 자청했을 수도 있지만, 어쨌든 그는 정이 많고 따뜻한 성격이었다. 원래는 나의 적응을 도와줘야 하지만 그는 곧 석사 학위를 따기 위해 수도에 있는 대학원엘 가야 한다고 했다. 왜 하필 내가 왔을 때 자리를 비우고 수도로 올라가는 건지 야속한 마음이 들기도 했지만, '아와사 학교에 수업은 없지만 자주 올 테니 걱정 말고, 다른 선생님들도 모두 너의 코워커니 필요한 일이 있을 땐 언제든 그들에게 말하라'며 멋진 말을 던져 놓고 대학원으로 가버렸다. 그래도 가끔 학교에서 그를 만날 때면 커피를 함께 마셨고 명절이나 각종 기념일마다 잊지 않고 나를 집으로 초대해 엄청난 양의 음식들을 차려 놓고 귀한 손님 대접을 해주곤 했다.

두 번째 별, '브루하누'와 '알렉스' 선생님은 게타훈 선생님보다 조금 더 젊은 미술과 선생님들이었다. 브루하누 선생님은 프랑스에 유학을 다녀온 보기 힘든 유학파 선생님이었고 모네 같은 그림을 그리곤 했다. 나는 모네를 좋아했기 때문에 그의 그림을 참 좋아했다. 유학까지 다녀온 선생님이 대학교도 아니고 사립학교도 아닌 직업학교에서 일하고 있는지 의문이 들기는 했지만, 그는 언젠간 다시 파리로 돌아가서 그림을 그리겠다는 꿈을 품고 있었다. 브루하누 선생님은 아마도 자유로운 영혼이 되고 싶은 것 같다. 그래서일까. 그의 멋진 스타일과 센스에 당연하게 고개가 끄덕여진다. 에티오피아 남자들은 대부분 머리카락을 길게 기르지 않지만, 그는 푸석한 머리카락으로 한껏 뽐낸 아프로 펌이 인상적이었다. 마른 체격에 반팔 티셔츠와 찢어진 청바지를 즐겨 입으며 팔에다 찰랑거리는 팔찌를 두세 개씩 차고 다녔고 귀에는 항상 작은 귀걸이가 꼽혀 있었다. 약간 냉소적인 표정에 짙은 사각 선글라스를 항상 쓰고 다니지만 사실 그 선글라스 속엔 별빛을 담은 듯한 초롱초롱한 눈망울을 숨겨둔 것을 나는 잘 알고 있다. 언젠가 선글라스가 부서져 예상치 못하게 평범한 얼굴이 되어 버린 날, 어쩜 저렇게 반짝이는 눈을 가지고 있을까 생각하며 한참 그 눈을 바라봤던 기억이 있다. 그는 수많은 여심을 배려해 두 눈을 가리고 다니는 것 같다.

세 번째 별, '알렉스' 선생님은 동글한 얼굴형에 바짝 깍은 머리 스타일을 고집했고, 약간 찢어진 눈매에 작고 납작한 사각 안경을 코끝에 걸치고 다녔다. 성격은 약간 까탈스러운 것 같지만 잘 웃고 다녔고, 수업 준비를 위한 기본적인 재료들을 잘 챙겨 주고, 수업 잘하는 노하

우를 전달해 주기도 했다. 붙임성이 있어 나를 잘 챙겨 주는 걸 보면 분명히 꼼꼼하게 학생들을 올바른 길로 안내할 것 같다. 에티오피아 사람이지만 그는 내가 아는 에티오피아 사람과 조금 달랐다고 기억한다. 좋아하는 것, 싫어하는 것, 그리고 그가 살아가는 방식과 목표의식은 이곳 사람들과 다른 점이 많았다. 그를 통해 에티오피아를 다양하게 보는 시각을 가질 수 있게 되었다.

브루하누 선생님과 알렉스 선생님은 비슷한 또래였고 시간이 날 때마다 학교 안쪽 빈 교실에서 그림을 그리곤 했다. 그렇게 그린 그림들로 아와사 시내에서 조그맣게 전시회를 열기도 했다. 내게도 함께 그림 전시회를 열자고 말했지만, 안타깝게도 귀국 전까지 그 바람은 이루어지지 않았다. 수업이 끝나고 같이 밥을 먹으러 가거나 커피를 마시러 다니며 코워커가 아닌 친구처럼 이곳에서 적응할 수 있도록 도와주곤 했다. 전혀 어울릴 것 같지 않은 우리 셋은 미술과 교사양성학교 선생님이라는 공통분모로 서로의 사적 공간을 나누곤 했다.

네 번째 별, '엘리자베스' 선생님은 옆 건물의 음악과 선생님인데 예체능과 건물에서 가장 자주 마주치는 선생님이었다. 조용하고 성실하게 자기 자리에서 자기의 몫을 해내는 선생님이었다. 선생님들은 하얀 가운, 그러니까 우리나라로 치면 의사가 입는 하얀색 가운 같은 걸 입고 다니는데, 많은 선생님들은 하얀 가운을 생략하고 다니기도 했지만 엘리자베스 선생님은 항상 이 가운을 걸치고 수업을 다녔다. 어떤 날이든 예외 없이 말이다. 그녀는 단정한 머리카락 사이로 희끗희끗한 흰머리가 보이는 게 나이는 아마도 쉰은 넘었을 것 같고, 항상 온화한 표정으로 눈웃음을 지어 주신다. 인자한 인상을 가지고 있었고 그녀를 보면 괜히 기분이 좋아진다. 마땅한 계기는 없지만 자주 인사를 나누다 보니 이유 없이 친근함이 느껴진다. 엄마 같은 포근함 때문인지, 내 안부를 자주 물어 주는 이유 때문인지, 껴안을 때 느껴지는 손의 온기 때문인지, 학교 카페에서 자주 마주쳤기 때문인지, 한결같은 꾸준함을 배우고 싶은 건지. 글쎄, 온갖 이유를 갖다 붙이고 싶지만 사실 그녀를 좋아하는 이유를 설명하긴 어려운 것 같다. 아마 선생님은 나를 딸처럼 생각했을지도 모르겠다. 학교를 떠나기 전날 내 교실을 찾아와 눈물을 글썽거리던 정 많은 엘리자베스 선생님을 어찌 좋아하지 않을 수 있을까.

다섯 번째 별, '아베라' 학장님. 나의 활동을 좋아하고 기특하게 봐주던 아빠 같은 존재였다. 공부만 했다고 보는 게 마땅할 만큼 예쁜 손을 가지고 있었고 콧수염은 없는 게 더 나을 것 같은 얼굴에 은근히 근사한 외모를 가지고 있었다. 학장실에 들어갈 때마다 앉은키만 한 서류 더미에 둘러싸여 있었고, 서있는 모습보다 앉아서 결재하는 모습이 더 익숙하지만, 바쁜 와중에도 내가 일하는 것엔 문제가 없는지 아빠처럼 걱정해 주던 인간미 넘치는 사람이었다. 끼니는 챙겨먹었는지 걱정하며 밥을 사주거나 나의 타지 생활을 격려하며 틈틈이 쉬는 시간을 마련해 함께 커피를 마시러 가곤 했다. 학장님은 내가 서툴기 때문에 실수하고 모자라기 때문에 실패하는 일들에 대해 만능키 역할을 해주었다. 아마 내 편에 서서 날 도와주던 학장님이 없었으면 난 이곳에서 적응하기가 더 어려웠을지도 모른다. 학장님은 내게 자상한 꽃길이었다.

마음 따뜻한 선생님들이 곁을 지켜 주는 것만으로도 내가 이곳에 존재할 이유는 충분했다. 섞이지 못하고 이질적으로 겉돌던 마음도 조금씩 누그러지고 있었다.

내 작은 안식처

어서 빨리 집을 찾아야 이곳에 정을 붙일 텐데 지금은 주위의 모든 것이 암흑으로 보였다. 급한 마음과 달리 집을 구하기는 어려웠다. 중개인을 통해 집을 보기라도 하면 책정된 집값보다 훨씬 비싸거나 학교와 너무 멀리 떨어져 있거나 출퇴근이 불편하거나 안전이 보장되지 않거나 사무소의 조건과 맞지 않는 집들이 많았다. 봉사활동을 와있다고 해서 무조건 싼 곳을 찾을 순 없었다. 너무 싸도 안전, 나 혼자 멀리 떨어져 살아도 안전이 문제였다.

다행히 3주가 거의 다 될 무렵에 가까스로 집을 구할 수 있었다. 부엌이 바깥에 있는 것만 빼면 규모도, 위치도, 환경도 마음에 쏙 들었다. 적당하게 아담해서 나 혼자 살아도 휑한 느낌이 들지 않고, 학교에서 5분 정도 떨어져 있어서 학교까지 충분히 걸어갈 수 있을 것 같았다. 낮은 담벼락에다 의자를 두고 올라서기라도 하면 옆집과 앞집이 훤히 보이고, 옆집의 말소리가 필터 없이 그대로 들리는, 현지인들이 다닥다닥 모여 사는 시끌벅적한 동네였다. 흙먼지를 날리며 마차가 달각거리며 달리고 있었고, 재래시장엔 커피콩이나 감자와 양파 같은 식재료를 파는 상인들이 즐비하게 서있었다. 작은 자루를 둥글게 만들어 공처럼 차고 노는 아이들, 기나긴 속눈썹을 깜박거리며 초롱초롱한 눈망울로 엄마 등에 매달려 세상 구경을 하고 있는 갓난아이까지. 이제부터 이들은 나와 눈을 마주하고, 삶을 공유하며, 울고 웃을 순간에 내 곁에서 함께할 사람들이었다.

문을 열면 우리 집으로 뻗은, 수십 살이 된 것 같은 옆집의 거대한 망고나무 잎사귀가 나를 맞이한다. 초록빛 잎사귀는 행복을 향수처럼 뿌리고 있는 것 같았고 작은 새들의 지저귐은 희망을 알리는 팡파르처럼 들렸다. 이상했다. 별것도 아닌 모든 사소한 것들이 새로운 생명을 얻은 것처럼 아름답게 변했다. 뭉클한 감정이 뜨겁게 올라왔다. 이제야 비로소 소속감 같은 것이 생긴 것 같았다.

불안함도, 두려움도, 슬픔도 온전히 내 안에 품고 있다가 기쁜 일이 생기면 나쁜 것들을 하나씩 버리고, 온통 행복한 마음이 채워졌을 때 이곳을 떠날 수 있게 된다면 좋겠다.

나를 잘 부탁해

집주인을 통해 소개받은 이 아이는 17살로 이름은 '이사이야스'이다. 나이보다 앳된 얼굴이지만 이제 고등학교를 들어간다고 했다. 부끄러움이 많은지, 아니면 외국인을 만난 게 어색했는지 대문 뒤로 수줍게 빠끔 내민 얼굴 위로 선한 미소가 인상적이다. 키는 나보다 훨씬 크면서 몸무게는 내 절반밖에 안 될 것 같고, 얼굴도 되게 작다. 사진을 같이 찍기라도 한다면 난 절대 그의 옆에서 찍지 않을 것 같다. 이사이야스는 공부를 위해 고향을 떠나 아와사까지 왔고, 경비 일을 해서 돈을 벌면 야간 학교에 다니고 싶다고 말했다.

에티오피아의 독특한 직업 문화 중 세라텡냐(가정부)와 가드(경비원)가 있는데, 주인집 사람들과 함께 살면서 집안의 여러 가지 일을 도맡아 해준다. 비단 외국인들을 위한 특수한 직업이 아니라 현지인들도 고용하는 흔한 형태의 직업이다. 세라텡냐는 보통 집안일과 식사, 손님이 오면 커피를 직접 볶아서 끓여 주는 커피 세리모니도 해주고, 아이가 있는 집은 보모, 유모 같은 일도 같이 봐준다. 이들은 대부분 생계를 위해 일을 하는 사람들이 많아 돈을 벌어 학비로 쓰거나 생활비로 사용하기도 하는데, 현지인들이 이들에게 하는 대우에는 자비가 없다. 대부분 종일 끊임없이 일을 해야 하고, 생활의 자유로움도 없다. 그래서 우리 같은 외국인들의 세라텡냐가 되고 싶어했다. 같은 돈을 받더라도 식구가 없어 일의 양이 훨씬 줄어들기 때문에 단원의 집 두세 군데를 세라텡냐 한 명이 맡고 싶어했다.

난 집안일은 굳이 맡길 필요가 없다고 생각했기에 경비만 두기로 했다. 도둑이나 다른 사람이 침입할 위험 확률을 줄이기 위해선 경비나 담벼락 철조망은 필수였는데, 내 집은 담벼락이 낮은데다가 깨진 유리병 몇 개만 어설프게 꽂혀 있어서 도둑이 들기 딱 좋은 모양새였다. 당장 경비가 필요하긴 했지만, 학교에 다녀야할 아이가 일을 한다는 게 신경이 쓰여서, 내게 후원을 받아 학교를 다니는 건 어떠냐고 물었다. 하지만 이사이야스는 한사코 거절했다. 일의 대가로 월급을 받아 학교에 다니겠다며 야무진 포부를 밝히던 아이였다.

실제로 에티오피아는 이사이야스처럼 어린 나이에 일을 하는 아이들이 많았다. 생활비가 없어서, 학비가 부족해서, 여러 가지 이유로 어린 나이부터 일을 하는 아이들이 많은데, 한 달을 꼬박 일해도 만 원을 벌까 말까 한 아이들이 대부분이라 했다. 아니, 어쩜 더 적을 수도 있다. 난 단지 이사이야스에게 다른 친구들의 월급을 비교해서 물었을 뿐이니까. 자기 친구 중에 공부를 하고 싶어도 생활고 때문에 학교를 가지 못하는 학생이 많다고 했다. 불행한 일이지만 회피할 수 없는 이 나라의 현실이었다. 집주인과 상의해서 이사이야스의 학비에 필요한 적절한 수준의 월급을 주기로 했다. 내가 귀국하기 전까지 2년간 이사이야스의 학업을 책임지기로 하고, 그 값만큼 이사이야스에게 나의 안전을 보장받기로 했다.

"이제부터 너와 2년간 함께할 사라야. 만나서 반가워 이사이야스!"

이사이야스는 조금 용기를 냈는지 내 앞까지 다가와 웃었다. 내성

적이고 수줍음에 돌돌 말려 있는 이 아이가 나와 내 집을 잘 지켜낼 수 있을지 걱정이 조금 되긴 하지만, 왠지 그는 나의 에티오피아 삶에 가장 많은 영향을 끼치는 사람이 될 것 같은 예감이 든다.

따뜻한 햇살이 내리쬐던 10월의 어느 날, 이사이야스와 나의 인연은 시작되었다.

추억을 머금는 장미와 망고나무

초겨울 날씨처럼 추운 새벽이었다가도 해가 떠오르면 언제 추운 기운이 감돌았냐는 듯 살갗을 뜯을 것마냥 열기를 던져 댄다. 최근 이사를 하고서 가구를 어떻게 배치하면 좋을지, 그림을 하나 걸어 놓는 게 좋을지, 아니면 책상을 하나 더 사는 게 좋을지 머릿속엔 온통 집을 꾸밀 생각으로 가득 차있었다. 주말엔 딱히 약속도 없었기에 이사이야스랑 정원을 꾸미기로 했다. 큰 집은 아니었지만 현관 담벼락에 기댄 아기자기한 정원이 있었다. 화훼 단지를 지나가다 언젠가 생길 내 집을 장미향으로 뒤덮어 버리겠다는 행복한 상상을 하며 작은 장미 묘목을 두 그루 샀다.

뜨거운 햇볕 아래 어깨를 들썩거리며, 텃밭 한 켠에 쭈그리고 앉아 열심히 삽질을 하고 있었다. 감상에 빠져 있는 나를 이사이야스가 불렀다.

"사라! 장미를 다 심고 나면 나머지 공간은 내가 사용해도 돼?"

"난 상관없어. 뭐 하고 싶은 거 있어?"

"아니, 그냥 혹시 내가 써도 되나 싶어서…"

우물쭈물하던 이사이야스는 내게 텃밭을 사용해도 좋다는 소리를 듣고선 기분이 좋은 듯 이죽이죽 웃고 있었다. 하얀 치아가 10개는 더 보이는 것 같았다. 그리곤 뒷마당으로 달려가더니 자기 집에서 뭔가를 한 줌 쥐고 나왔다. 이사이야스가 며칠 전에 먹던 옥수수에서 떼어낸 몇 개의 옥수수 알과 깨끗하게 발라먹은 망고씨와 기시따씨(과일)였다.

"여기에 망고랑 옥수수랑 기시따를 심을 거야! 그리고 나중에 크면 나중에 식량으로 쓸 거야."

감상에 젖어 있는 이상적인 나와 풍요로운 수확을 바라는 현실적인 이사이야스는 같은 정원을 두고도 서로 다른 꿈을 꾸고 있었다. 아마도 무성한 장미꽃으로 덮인 집이 되려면 아주 많은 시간이 흘러야겠지만 내가 떠난 자리를 나 대신 지켜줄 나무 한 그루는 심어 두고 싶었다. 혹여나 먼 훗날 에티오피아가 너무 그리워 다시 돌아오고 싶어지면 저 멀리서도 높다랗게 자란 망고나무를 찾거나 풍성하게 자란 장미꽃들로 한눈에 이 집을 찾아낼 수 있도록 표시해둔 나의 타임캡슐 같은 거랄까. 뜨거운 태양이, 촉촉한 흙이, 차가운 바람이, 이곳에서 꽃들과 함께 나이 들어가겠지. 부디 나의 장미가, 이사이야스의 식량들이 우리의 추억을 머금고 건강하게 무럭무럭 자랐으면…

비틀거리는 각오

"선생님, 전 어떻게 되는 거예요?"

학교 안 작은 카페를 높다랗게 둘러싸고 있는 나뭇가지의 잎사귀 사이로 나른한 햇살이 비처럼 뿌려지고 있었다. 손바닥만 한 컵 안에 까만색의 커피가 가득 담겨져 있었고, 솔솔 불어오는 바람이 커피 향을 가득 머금어 카페 안을 적시고 있었다. 그리고 약간은 심각한 분위기의 나와 오랜만에 학교에서 보는 게타훈이 마주 앉아 있었다. 그는 장난스러운 표정을 지우고 내게 말했다.

"사라, 지금 당장 두 명의 선생님에게 수업을 줄 수가 없어서, 선배 단원이 떠나고 나면 그때 수업을 해야할 것 같아. 그동안 다른 선생님들의 수업을 참관하는 게 좋을 것 같아."

그 말을 던지고 출근하던 미술 선생님들을 한 명씩 카페로 불러 나를 소개하기 시작했다.

커피 잔을 쥐고 있던 손이 살짝 떨린다. 설마설마했던 상황이 결국 벌어지고 말았다. 학교로 출근하면 뭔가 해결책이 있을 거라 믿었는데, 결국 내가 매달리던 희망의 줄은 끊어져 버렸고 나는 끝을 알 수 없는 바닥으로 떨어져 버렸다. 수업을 줄 수 없다는 그 말 다음부터는 머리가 하얘져 어떤 생각도 할 수가 없다. 뒤에 뭐라고 더 말하는 것 같은데 기억이 나지 않는다. 어쩌면 더 이상 이야기를 듣고 싶지 않아서 귀를 닫아 버렸는지도 모르겠다. 정신을 차리지 못하고 얼떨결에 선생님들에게 인사하지만 사실 내 마음은 눈물을 한껏 쏟아 내고 싶은 유약한 상태였다.

KOICA 미술실 열쇠는 선배 단원이 가지고 있고, 선배 단원은 지금 한국에 가있으니 미술실에 들어갈 수도 없었다. 어차피 수업도 없는데 미술실에 들어간다 해도 소용이 없지. 아니, 이런 생각을 하기 전에 내 존재 자체가 의미가 있을까? 그동안 충전해 두었던 기뻤던 모든 순간들을 총출동시킨다 해도 지금의 좌절감을 이기긴 힘들 것 같다. 수업을 할 수 없다니. 정말 바라지 않았던 상황이었지만, 더 최악은 지금은 이 상황을 거부하면 이 나라를 떠나는 것 말고는 다른 선택지가 없다는 것이다. 애초에 무엇이 잘못된 건지, 어디서부터 꼬여버린 건지 더듬어 생각해 보지만 결국 머릿속엔 '이제 나는 어떻게 해야 하지?' 라는 생각으로 귀결된다.

게타훈 선생님은 알렉스 선생님께 나를 붙여 보낸다. 알렉스 선생님은 의자에 걸어둔 하얀 가운을 챙기더니 함께 수업에 들어가자며 나를 이끌고 교실로 향한다. 내 속도 모르는 알렉스 선생님은 오늘 날씨가 좋다면서 수업이 잘될 것 같다고 생글생글 웃고 있다. 빙글빙글 도는 머릿속이 뜨거운 태양의 열기 속으로 빨려 들어갈 듯 아슬아슬하다. 화창한 날씨가, 화사한 히비스커스가, 작은 참새의 지저귐이, 카페 안의 소란한 웃음소리가 고맙게도 우울한 내 얼굴을 가려 주고 있었다.

소극적 고백

이곳은 수도에서 버스로 약 4시간 떨어진 아와사라는 도시다. 지금은 비행기도 다니는 남쪽의 아주 정갈하고 단정한 도시다. 현지어 선생님께 '사라'라는 에티오피아 이름을 하나 받았다. 아와사와 잘 어울릴 거라며 잘 적응하길 바라는 마음으로 지어 주신 이름이다. 내가 파견되어온 이곳은 '아와사 교사양성학교'인데, 17~20살의 학생들이 다니고 있다. 일반 고등학교를 졸업하면 대학교를 가는 것과 달리 여기 학생들은 바로 직업 전선에 뛰어들게 된다. 학생들은 대체로 선생님의 말씀을 잘 듣고 온순한 편인 것 같다. 미술 실력은 조금 모자라도 수업과 과제엔 열심이었고 선생님을 존경하는 학생들이 많았다. 졸업 후엔 자신의 전공에 맞게 초등학교 선생님으로 가는 게 이 학교에 다니는 대부분 학생들의 미래이기도 했다.

난 이곳에서 앞서 파견된 미술 선생님의 후임으로 배정되어 도예 수업을 할 예정이었지만, 지금은 갑작스러운 선임의 연장 신청으로 원래의 내 자리가 아닌 다른 미술 선생님들의 보조가 되어 수업을 돕는 역할을 한다. 학년에 상관없이 수업에 들어가는데, 이론 수업을 들을 땐 현지어를 알아듣기 힘들긴 했지만, 현지어 공부하는 셈 치면서 혹시나 아는 말이나 단어가 나올까 쫑긋하고 귀를 기울이기도 하고, 실기 수업 땐 학생들과 함께 자리에 앉아 그림을 그리기도 했다. 그렇다고 정말 학생들처럼 앉아 있기만 할 수는 없었기에, 학생도 선생님도 아닌 어중간한 위치에서 선생님을 도울 만한 어떤 것을 눈치로 찾아내야 했다. 마치 실습을 나온 교생이 된 것 같은 나날들이 계속되고 있었다. 어떻게든 정을 붙여 학교에 적응하려고 노력하는 중이다.

고백하는데 요즘은 수업에 들어가도 의욕이 없다. 학교에서 현지 선생님들과 시간을 보내는 건 즐겁지만, 내게 가장 절실한 것은 내가 이끌어 가는 수업이었다. 선생님들의 수업을 지켜보고 있자니 더더욱 내 수업을 갈망하게 된다. 수업 내내 의자에 앉아 있거나 교실 뒤편에 서있는 게 벌 받는 것처럼 느껴지기도 했으니 이정도면 내가 요즘 얼마나 심란한지 전달될 수 있을까?

코워커는 내게 기다리라고 했지만, 가만히 차례를 기다리고만 있자니 아무것도 못하고 뒤로 물러서 있는 모양새가 무능하고 바보스럽기 그지없다. 이러려고 아프리카까지 온 게 아닌데, 그간 봉사활동을 위해 애태우며 고뇌하던 시간들이 떠올라 쉽사리 현실을 받아들이기도 힘들다. 왜 내가 이곳에서 학생들의 뒷모습만 보고 있어야 하는지, 왜 내 자리는 없는지 왜 사무소에선 같은 기관에 같은 분야 단원을 두 명이나 방치하고 있는지, 왜 나는 꿔다 놓은 보릿자루처럼 아무것도 할 수가 없는지. 온갖 물음이 엉망진창 섞여 있다. 자꾸만 신경을 쓰고 혼자 만들어 내는 스트레스에 빠져 요즘엔 이유 모를 통증도 느껴지는 것 같다.

내게 찾아온 무료함이 주어진 2년의 시간을 허망한 잿빛으로 태우고 있다.

위험하다, 나의 지금 순간들이.

포기할 수 있는 기회

또 기분 나쁜 찌릿한 통증이 내 몸 깊숙한 곳에서 밀려온다. 근래 이렇게 쥐어짜는 통증이 짧은 주기로 심심찮게 나타난다. 밥을 먹다가도, 텔레비전을 보다가도, 책상에 앉아 있다가도 불시에 찾아와 당황스럽게 만든다. 스트레스 때문에 예민해졌나 싶어 대수롭지 않게 여기고 넘겨보지만, 마냥 무시할 순 없었기에 수도에 있는 큰 병원에 가보기로 했다.

한 달 뒤 늦은 저녁, 나는 곧 한국으로 떠나는 비행기에 올라탄다. 안 좋은 소식은 예고 없이 찾아온다더니 이 법칙은 내게도 예외가 아니었다. 작은 혹이 발견되었다. 혹을 이대로 내버려 둔다면 내 몸에 어떤 불행을 뿌리내릴지 몰랐기 때문에 무작정 버티고 있을 수는 없었다. 조직검사를 통해 수술을 결정해야 하는데, 에티오피아는 의료 상황이 여의치 않았고 게다가 수술이 가능한 의사가 없어 한국 송환이 결정되었다. 제대로 된 수업을 시작하기도 전에 한국으로 돌아가게 되었다. 그렇게 나는 저항할 틈도 없이 에티오피아를 떠나야만 했다.

어둠 속에서도 촘촘하게 빛나는 별이 배웅 나와 있었다. 심란한 와중에도 이 하늘을 기억하려고 몇 개의 별을 이어 보다가 이내 수많은 별을 가득 담아 눈을 감아 버렸다.

이렇게 내 맘에 쏙 드는 예쁜 밤하늘을 볼 수 있는 날도 이제 마지막이 되는 건가. 서글픈 순간이지만 조금 후엔 저 별 가까이 다가갈 수 있을 테니 손톱만큼은 좋은 기분을 마음에 담아 공항 안으로 들어간다.

깜깜한 하늘 아래서 화려하게 빛나고 있는 공항은 낮과 달리 한산했다. 탑승을 기다리는 동안 커피를 한 잔 마시러 카페를 기웃거렸다. 아무리 생각해도 이 와중에 커피를 마시고 싶은 생각이 든다는 게 웃기지만, 어쩌면 마지막일지도 모르는 이 순간에 바치는 쓸쓸한 위로였다. 따뜻한 커피를 한 잔 마시고 의자에 앉아 탑승구가 열리기를 기다린다. 한국을 떠나던 날은 여름이었는데 지금은 매서운 바람이 부는 겨울이겠구나. 큰 포부를 가지고 에티오피아로 출국했는데 결국 예상하지 못했던 이유로 한국으로 돌아가고야 마는구나.

이상하다. 분명 한국으로 돌아가기 싫은 마음이었는데, 왠지 그 안에 다른 마음도 꿈틀거리고 있는 것 같다.

'차라리 잘됐어, 어차피 내가 에티오피아에서 할 수 있는 건 아무것도 없었잖아. 내가 포기하는 게 아니라, 어쩔 수 없는 상황 때문에 그만두는 거니까 이건 내 잘못이 아니야. 그러니까 그냥 여기까지 하자.'

활주로엔 서늘한 바람이 불어오고 있다. 2천 미터가 넘는 해발고도 때문인지 내 마음이 차디차게 얼어 버려서인지 오늘 따라 유독 바람이 쌀쌀하게 느껴진다. 에티오피아에 왔을 때와 같은 항공기였지만 설레던 그때와 달리 쓸쓸한 기분으로 비행기에 올라타야 했다.

1년의 유예 기간

서울에 도착하자마자 얇은 옷을 몇 장 겹쳐 입고 KOICA에서 지정해준 병원으로 갔다. 오랜 대기 시간이 지나고 받아든 결과지는 좋지 않았다. 증상이 악화될 가능성 때문에 수술을 해야 한다고 결론이 났다. 에티오피아에서의 모든 생활은 정지되었고, 현지에 있던 모든 짐들은 그대로 봉인되어 버렸다. 시련은 왜 항상 나의 몫이며 평범하지 않은 일은 왜 내가 모두 겪어야 하는 것인지, 허락하지 않은 눈물이 자꾸만 눈에 맺혔다. 이 슬픔이 몸이 안 좋아져서인지 일을 마무리 짓지 못한 아쉬움 때문인지 모르겠지만, 다시 에티오피아로 돌아갈 수 없다는 불안한 마음들이 칠흑 같은 감정의 소용돌이 사이를 표류하고 있었다.

그렇게 시간이 지나고, 수술을 마치고 휴식기에 접어들었다. KOICA에선 한 달간 경과를 지켜본 후 다시 에티오피아로 갈 것인지, 이대로 귀국할 것인지 물어볼 것이었다. KOICA는 굳이 나를 잡지 않았다. 꼭 에티오피아로 돌아가지 않아도 된다고 했다.

무리해서 다시 출국할 이유는 하나도 없었다. 어차피 그곳엔 내가 없이도 잘 돌아가고 있었고, 돌아가지 않는다 해도 그저 적응하지 못하고 떠난 불쌍한 단원으로 기억되기밖에 더할까. 가족과 친구들은 그 정도 외국에서 지냈으면 돌아오는 것이 어떠냐며 타지에서 아프지 말고 귀국하라며 포기를 권했다. 결국 남들처럼 안정적인 직장에 취업해서 살아가는 게 내 인생의 정답인 건가. 몸이 아픈 어느 날은 에티오피아의 꿈같은 시간을 뒤로하고 이대로 포기하고 싶었고, 몸이 좋아지는 날엔 당장이라도 학생들을 만나러 에티오피아로 떠나고 싶었다. 가족들의 걱정과 친구들의 만류 속에서 아무리 고민을 해도 답은 명쾌하게 나지 않았다. 한 달 뒤, 출국과 중도 포기 둘 중 하나를 결정해야 한다. 인간은 매 순간이 선택의 연속이라더니 이 또한 내가 봉사활동을 선택했기 때문에 생긴 선택의 순간이겠지.

한 달 후, 의사 선생님께선 당분간 6개월은 계속해서 병원에서 경과를 보고하고 처방받아야 한다고 말씀하셨다. 수술이 잘 끝나긴 했지만, 계속해서 조심해야 하는 상황이었다.

출국하면 현지에서 병원을 제대로 다닐 수 있을까? 건강을 잃으면 봉사가 무슨 의미가 있으며, 내 몸 하나 건사하지 못하면서 어찌 남을 도운다고 할 수가 있을까. 그렇다고 이대로 귀국이라니. 해외봉사단원이 되기 위해 준비했던 수많은 시간들이 허사로 돌아가는데 미련이 남지 않을까? 아, 생각을 너무 많이 해서 밥을 먹어도 밥맛이 느껴지지 않고 재미있는 이야기를 들어도 웃음이 나지 않는다. 나는 감정 없는 사람처럼 표정 없이 대부분의 시간을 소비하고 있었다.

에티오피아로 떠나지 않길 바라는 가족의 마음을 모르는 것은 아니었지만, 왜 자꾸 나는 어느 한쪽도 후련하게 선택하지 못하는 걸까. 무엇이 포기를 막고 있는 걸까.

내내 생각해 보았다. 수업을 시작하지도 못한 채 한국으로 돌아온 것이 아무래도 마음에 쓰였다. 그곳으로 다시 돌아간다 해도 환영하는 사람은 없겠지만 이대로 포기하기엔 내 의지가 너무 가엾게 느껴졌다.

나로 인해 세상이 변할 거라는 생각을 하는 건 아니었다. 거추장스러운 이유를 하나씩 다 떼어 버리고 나니 그저 학생들에게 내가 어떤 생각과 어떤 마음으로 에티오피아에 오게 됐는지, 왜 내가 이곳에서 학생들에게 수업을 해주고 싶은 건지 수업을 통해 알려 주고 싶은 마음만 남았다.

결국 내 몸의 상태보다 내 의지를 따르기로 했다.

딱 1년, 원래 임기의 절반만 버티기로 했다. 버티는 동안 이곳이 지긋지긋해지면 그땐 에티오피아 대통령이 잡더라도 미련 없이 떠나 버려야지. 그곳에서 준비한 걸 쏟아 내고 미련 없이 돌아오자. 다시 가보자. 내 몸은 나약하지 않으니 쉽게 고장 나지 않을 거야. 보이지 않는 걱정과 두려움 때문에 아니 어쩌면 존재하지 않을 일 때문에 가던 길을 멈추는 건 멍청한 짓이야. 그래 더 이상 괴로운 고민은 그만하자. 뜨거운 공기로 가득 찬 에티오피아의 품으로 돌아가자. 지독하게 외로웠던 그곳으로 돌아가자. 돌아가면 꿈인 듯 현실인 듯 몽롱한 그 경계에 서서 까마득한 어둠 아래 별빛 샤워를 해야지. 내게 시끄럽게 달려드는 아이들에게 온화하게 인사하고 고독한 에티오피아를 가득 담아 돌아와야지.

난 어떤 기회를 날려 버린 어리석은 여자일까? 어떤 기회를 잡아낸 현명한 여자일까? 과연 이 길의 끝에서 어떤 표정을 짓고 있을까?

"결정하셨어요?"

"네! 저 에티오피아로 출국하겠습니다."

다시 돌아온 에티오피아

돌아오고 말았다. 갈 길 바쁜 사람들이 버스정류장에 복잡하게 엉켜 있고, 정류소 주변에 가득한 작은 상점엔 얇은 끈으로 매달아 놓은 모바일 카드 종이가 바람에 나부끼고 있고, 황금빛 자태를 뽐내며 사람들의 사랑을 한 몸에 받는 파인애플도 층층이 쌓여 있었다. 흙먼지 일으키며 좁은 골목을 누비는 바자지가 가득한 아와사로 돌아왔다. 여기저기 상점에서 틀어 놓은 시끄러운 음악소리 때문에 머리가 울리지만, 눈앞에 보이는 모퉁이 파란 대문만 지나면 그토록 보고 싶었던 내 집이 나온다. 처음 이 땅에 발을 내딛던 그 떨림처럼, 익숙한 낯섦을 한껏 품고 내 집을 향해 걸어간다.

초록색 대문 옆으로 삐죽 튀어나온 것이 내가 심어 놓은 장미 덩굴 같아 보인다. 담장 너머로 보이는 망고나무의 우거진 잎이 내 키보다 크게 솟아올라 있었다. 가방에서 열쇠 꾸러미를 꺼내들어 대문 열쇠를 찾는다. 하도 오랜만에 문을 열려고 하니 어떤 게 대문 열쇠인지 헷갈려서 대문 앞에 서서 안절부절하고 있다. 어서 집으로 들어가고 싶은데, 마음만 급해서 손에 잡히는 대로 열쇠를 꽂아 본다. 열쇠 구멍과 씨름하다가 거의 마지막 열쇠쯤에 겨우 대문을 연다. 정원엔 기시따 나무와 장미 말고도 색색의 꽃들이 풍성하게 자라 있었다. 커버린 식물들이 나의 부재의 시간을 증명해 주고 있었지만 정원이 잘 손

Coca-Cola
Coca-Cola

질되어 있는 걸 보니, 이사이야스가 나를 대신하여 정성을 쏟고 있었나 보다.

"사라!"

대문을 열고 들어가자, 기다리고 있던 이사이야스가 성큼 달려오며 나를 맞이한다. 예전보다 머리가 좀 더 짧아 보이는 것만 빼면 이사이야스는 몇 개월 전과 변함이 없었다. 멀리서도 내 집을 한눈에 알아볼 만큼 커버린 기사따 나무와 장미 덩굴을 빼면 여전한 아와사였다. 가구도, 내 짐도 모두 내가 떠나던 날과 같은 자리에서 나를 반겨주었다. 내가 한국에서 엄청난 고민에 빠졌던 게 맞나 싶을 정도로, 아와사는 모든 것이 그대로였다. 나만 잠시 다른 시공간에 비켜서 있었던 기분이다.

아무 일 없었던 듯이 다시 돌아오고 말았다. 지금까지의 것은 통편집되었고, 새로워진 마음으로 다시 시작하려 한다. 우울하거나 괴로운 마음은 자체적으로 삭제하기로 했다. 몇 개월 전과 다름없는 상황이지만 지금은 내 마음이 한결 차분해졌다. 내 수업을 갈망하는 마음은 여전하지만 더 이상 조급해하지 않기로 했다. 신기하고 이상한 기분이 휘몰아친다.

불타오르고 있는 나의 집

에티오피아로 다시 돌아와 적응하느라 바쁜 나날을 보내고 있었다. 짐도 다시 정리해야 했고, 학교 선생님에게 내 지난 시간들을 말해야 했고, 밀린 보고서를 쓰느라 정신이 없었다. 그날도 사무소에 낼 보고서를 써야 했는데, 때마침 배도 고파서 밥도 먹고 보고서도 쓸 겸 가까운 인조리 식당으로 갔다. 인조리는 에티오피아 말로 '딸기'라는 뜻이다. 에티오피아는 한국과 달리 시큼한 딸기를 먹는데 식당 이름은 인조리이지만, 정작 내가 좋아하는 딸기 주스는 팔지 않는다. 하지만 이 식당은 내 입맛에 맞는 음식도 많고 아보카도 주스에 꽂혀 있는 칵테일 우산이 귀엽다는 이유로 자주 오던 식당이었다. 특히 부드러운 비프 크림 스테이크는 아와사 단원들이 손꼽는 인기 메뉴였다. 에티오피아에서 가장 좋은 건 저렴한 가격에 최고의 식사를 즐길 수 있다는 것이었다. 이 식당에선 와이파이도 무료로 쓸 수 있어서, 정전이 되거나 인터넷을 사용하고 싶을 때면 외국인은 물론 현지인들도 이 식당에서 여유로운 시간을 보내곤 했다.

"띠리리리!"

발신자 번호를 보니 집주인의 번호였다.

"사라! 지금 어디야?"

"인조리 식당이에요."

"거기서 기다려."

집주인은 급하게 전화를 끊었다. 집주인의 다급한 상황을 이해하지 못한 채 보고서를 마저 써내려갔다. 5분도 채 되지 않았을 무렵 다시 집주인에게 전화가 걸려왔다.

"지금 당장 밖으로 나와."

"예? 왜요?"

"어서!"

이유도 알려 주지도 않고, 시간을 방해받아 기분이 좋지 않은 상태였지만, 일단 주섬주섬 짐을 챙겨 들고서 밖으로 나왔다. 바깥으로 나오자마자 집주인은 기다렸다는 듯 가방을 급하게 뺏어, 차 뒷좌석에 아무렇게나 던지고 내 뒷덜미를 끌어 나를 차 안으로 이동시켰다. 자세히 보니 뒷좌석엔 이사이야스도 앉아 있었다. 순식간에 일어난 일이라 어안이 벙벙했지만, 집주인은 그런 나를 아랑곳하지 않고 빠른 속도로 차를 몰았다. 집주인이 아주 심각한 목소리로 말했다.

"사라! 집에 불이 났으니 집 열쇠를 어서 준비해."

"네? 지금 무슨 말씀이세요? 불? 불이라뇨?"

"자세한 건 나도 가봐야 알아. 빨리 열쇠를 꺼내."

이 혼란스러운 상황을 이해하기도 전에 집주인은 까만 연기로 가득한 집 앞에 차를 세웠다. 동네 주민은 다 나온 듯 집 앞 골목은 사람으로 빼곡히 차있었다. 마구 떨리는 손으로 열쇠를 찾기 시작했다. 손이 덜덜 떨려 열쇠를 끼우지 못하고 자꾸만 땅에 떨어트리자 누군지도 모르는 이웃 남자가 하얗게 질린 나를 밀쳐 내고 열쇠를 뺏어 현관 대문을 벌컥 열었다. 굳게 닫혀 있던 마당 대문에 이어 집 현관이 열

리자마자, 수십 명의 모르는 이웃들이 빨려가듯 집 안으로 들어갔다. 그들은 마치 자기 집에 불이 난 양 대야에 물을 담아 퍼 나르며 신속하게 불을 끄기 시작했다. 집 안은 까만 연기로 뒤덮여 매캐한 냄새가 코를 자극하고 있었고 눈앞에 펼쳐진 이 뿌연 연기처럼 내 머릿속도 뿌옇게 흐려지고 있었다. 때마침 소방차가 골목길로 접어들고 있었다. 누군가 소방서에 연락한 모양이었다.

소방서에서 나온 사람들이 말하길 화재가 처음 시작된 곳은 우리 집 화장실이었다고 한다. 정전이 풀리면서 고압의 전류가 흐르자 보일러 콘센트에서 불꽃이 튀었을 것이라고 말했다. 그 불꽃이 보일러를 태우고, 그 불똥이 떨어져 플라스틱 변기를 태우면서, 나무로 된 화장실 문까지 번지고 있었던 것이다. 현지 집 구조상 바로 옆집과 담 하나 없이 바로 연결되어 있었기 때문에, 화장실에서 시작된 불길이 창문을 통해 옆집까지 보였고, 놀란 옆집 아주머니는 집에 있던 이사이야스에게 알려 줬지만, 핸드폰이 없었던 이사이야스는 집주인에게 달려가 상황을 알렸던 것이었다.

처음 이집에 이사 왔을 때 피복이 벗겨져 있던 노후화된 보일러가 마음에 걸렸었다. 보일러를 바꿔 달라고 여러 번 말했지만, 한번 교체하는 데 몇 십만 원이 든다는 이유로 교체를 차일피일 미루다 결국 화재가 난 것이다.

화재 후 모든 사람들이 썰물처럼 빠져나가고, 매캐한 냄새와 검은 가루들만 남은 이 텅 빈집에 서서, 앞으로 이 곳에서 극복해야할 많은 것들의 무게도 함께 느껴야 했다.

여전하게 조금씩

마른 바람이 비켜나고 습한 구름이 슬그머니 고개를 내밀려고 하고 있었다. 아와사로 돌아온 지 여러 달이 지났고, 변화 없는 일상들이 계속되고 있었다. 여전히 정전과 단수가 반복적으로 일어나고 있고, 벼룩에도 자꾸 물리고 있으며, 매일 만나는 사람도 똑같고, 휘영청 밝은 달이 뜨면 내 눈의 수분이 마구 끌어 올라오는 것도 말릴 수 없고, 밤하늘은 여전히 사랑스럽게 반짝거리고 있었다.

바뀐 것이라곤 장미 덩굴과 망고나무가 내 키를 두 배 정도 넘길 만큼 자랐고, 화재 이후로 이사이야스가 낡은 핸드폰을 샀고, 한국에서 잘 먹지 않던 커피가 늘었으며, 텁텁해서 싫어하던 바나나를 하루 종일 입에 달고 다니고, 탄산음료에 빠져 산다는 것, 주근깨가 늘고, 몸무게가 10킬로그램 빠졌으며, 성격이 조금 느긋해진 것 같기도 하고 조금 대범해진 것 같기도 하고, 저녁 11시쯤에 잠들어 아침 7시에 일어나는 규칙적인 생활을 하고, 뜨거운 뙤약볕을 무서워하지 않고 빗소리가 좋아졌으며, 이젠 웬만해선 좌절하지 않는다는 것이다.

싫은 추억

형체를 알 수 없는 것이 바로 코앞으로 다가오고 있었다. 별은 하늘에서만 볼 수 있는 줄 알았는데 아니었나 보다. 악의를 품은 그는 둔탁한 소리를 내며 내 광대뼈를 거세게 내리찍었다.

오후 6시가 조금 넘은 시간, 선배 단원과 수업 이야기를 나누려 선배 단원의 집에서 만나기로 했었다. 원래도 그쪽으로 가는 바자지가 잘 없긴 하지만, 이날은 유난히 바자지가 보이지 않았다.

"어쩌지. 약속시간에 늦겠네. 조금 걸어 볼까."

시내엔 사람도 많이 다니고 있고 그리 늦지 않은 시간이라 별달리 걱정하지 않았다. 5분 정도만 더 걸으면 선임 단원의 집에 도착할 것 같았고 이미 많이 걸어온 탓에 집까지 마저 걷기로 마음먹었다. 밤의 정취를 느끼며 걷는 거라 생각했다. 혼자만의 경주를 시작하며 현지인들과 앞서거니 뒤서거니 리듬에 맞춰 걸으며 내 발걸음에, 이 어둠에 심취해 있었다. 선배 단원의 집이 저 멀리 보이기 시작하던 순간 뒤에서 알 수 없는 무엇인가가 내 머리카락을 세게 낚아챘다.

'어? 이건 뭐지?'

내 의지와 상관없이 고개가 뒤쪽으로 쏠렸다. 눈앞에는 내 키를 훌쩍 넘긴 건장한 사내의 까만 그림자가 드리워져 있었다.

'설마, 이 상황.'

같은 길을 가는 사람이라기엔 우리의 거리는 너무 가까웠고 길을 물어보려는 사람이라기엔 너무 무례한 등장이었다. 아니 그 순간은 그런 생각을 할 틈도 없었다. 본능적으로 도망쳐야 한다는 생각이 들었지만 도망갈 틈도 없이 뭔가 둔한 것이 빠르게 내 관자놀이를 내리쳤다. 눈을 뜨고 있는데도 눈앞이 깜깜해졌다. 사내는 그걸로 부족했는지 이번엔 좀 더 정확하게 내 광대뼈를 가격했다. 아파할 틈도 없었다. 역광으로 얼굴이 까맣게 된 사내에게서 벗어나야만 했다. 반사적으로 몸을 틀어 밝은 빛이 있는 곳까지 필사적으로 달려갔다. 당장 이 나무 그늘만이라도 벗어나야 한다고 생각했다. 눈앞에 보이는 가로등까지 이를 꽉 물고 죽을힘을 다해 달려갔다. 그 짧은 시간동안 많은 것이 머릿속을 스쳐 지나갔다.

'지갑을 던져 줘야 하나?'

'잡히면 죽을지도 몰라!'

'도와 달라는 말은 암하릭으로 뭐지?'

'아씨! 야! 나 돈도 없어서 어차피 가져갈 것도 없어.'

억울함이 머리끝까지 찼지만 잡히면 무슨 짓을 당할지 몰라 땅만 보고 달리고 있었다. 아무나 들어 주길 바라는 마음으로 발끝에서부터 머리끝까지 있는 모든 에너지를 끌어 모아 소리 질렀다.

"help me! help me! please!"

그렇게 빠르고 오래 달리면서도 숨이 차지 않았다. 내 인생의 가장 길었던 10초 정도를 뛰었을까? 길 맞은편에서 커플이 걸어오고 있는 게 보였다. 남은 힘을 다 짜내어 달려가 그들에게 안겨 버렸다.

'아… 살았구나… 살았어… 나… 살아 있어.'

안도의 눈물이 왈칵 쏟아졌다. '엉엉' '펑펑'이라는 표현은 부족했다. 그 자리에서 주저앉아 서러움과 공포심과 안도감을 폭풍처럼 쏟아냈다. 현지인 여자는 나를 안아 주며 등을 다독이고 현지인 남자는 내 뒤를 따라 달려오던 남자를 쫓아갔지만 이미 그 사내는 도망 가버린 후였기 때문에 잡을 수는 없었다.

경찰 군인 10여 명을 태운 차가 내 앞에 멈춰 섰다. 현지인 남자가 도움을 청하기 위해 지나가던 경찰 지프차를 멈춰 세운 것이었다. 서럽게 울고 있는 외국인 여자애가 안쓰러웠는지 현지인 커플은 열변을 토하며 방금 전 상황을 아주 상세하게 경찰에게 전달했다.

에티오피아에서 더 이상 우는 일은 없을 줄 알았다. 괴로운 일을 충분히 겪고 큰 고비가 지나간 줄 알았다. 나의 지지리 재수 없는 운명엔 도대체 얼마나 더 많은 사건이 있어야 한단 말인가. 내가 에티오피아를 증오하며 떠나 버려야 속이 시원하겠어? 빌어먹을! 망할 내 재수는 어디까지 추락해야 하는 건데!

내게 닥치는 이 모든 것들이 숨 막히게 답답할 뿐이다. 내 정신은 이미 방향을 잃고 꼬여 가고 있었다.

헤어나지 못하는 어둠 속에서

'나는 왜 그 사내의 표적이 된 걸까?'

정녕 내겐 2년 아니 1년이라는 시간도 허락되지 않는단 말인가.

여전히 눈을 감아도 그때의 장면이 떠오른다. 자꾸만 까만 그림자가 떠올라 나를 괴롭혔다. 까맣게 가려진 얼굴을 아무리 긁어 내도 나쁜 사내의 얼굴은 그려낼 수가 없다. 범죄를 저지르려는 녀석은 자신보다 작은 사람을 범죄의 대상으로 본다는데, 만만한 내 신체 조건이 이런 일을 겪게 만든 것이라면, 괜히 더 억울하기만 하잖아. 머리를 쥐어뜯어 봐도 뾰족한 답이 나오지 않는다. 봉사활동을 무사히 마치고 귀국하는 사람도 많고 이런 일은 흔히 일어나지 않지만, 강도를 만날 확률이 0%일 수도, 달갑지 않게 100%일 수도 있다. 난 왜 자꾸만 이런 재수 없는 일이 일어나는 걸까? 에티오피아에서 가장 다사다난하고 재수 없기로 유명한 단원 중 한 명이 되어 버렸다.

그 일이 있은 후 나는 줄무늬 옷을 입은 남자만 봐도 소스라치게 놀랐다. 불안했고, 무서웠고, 숨을 쉬기가 힘들었다. 건장한 사내는 모두 그 사내와 겹쳐 보였고, 나를 주시하는 남자가 있기라도 하면 혹시나 또 무슨 일을 당하는 건 아닌지 겁이 났다. 내가 모르는 저 사람들 사이에 혹시나 그 사내가 숨어 있을까 봐, 나는 그를 알아보지 못하는데 그는 나를 알아볼까 봐.

처음으로 이 동네를 떠나고 싶다고 생각했다. 처음부터 나에게만 잔인했던 이 동네를 벗어나고 싶었다. 소매치기도, 화재도, 수업도, 모두 극복할 수 있었지만 이번만은 쉽게 극복되지 않았다. 왜 이런 함정에 빠져 버리는 걸까? 왜 매번 나인 걸까? 내가 스스로 세운 약속이나 지키고 얼른 에티오피아를 떠나 버리게 자고 일어나면 1년이 지나 버렸으면 좋겠다고 생각했다. 이젠 봉사활동을 잘하고 못하고가 문제가 아니라 아무 일 없이 1년이 지나면 좋겠다는 생각만 들었다. 이젠 거의 모든 것을 놓아 가고 있다. 어쩌면 많은 것을 포기하고 있는 중인지도 모르겠다.

시간이 지날수록 얼굴에 맺힌 멍은 옅어지고 있었고, 울분도 어느 정도 진정되어 가고 있지만, 예민함은 무뎌지지 않는다. 내 맘을 털어놓을 수 있는 동기들이 있는 곳에서 두려움을 극복하고 싶었지만, 사무소에선 근무지를 벗어나는 것을 허가해 주지 않았기 때문에 이대로 이 동네 안에서 조용히 있어야 했다. 나는 사무소에 반항이라도 하듯 학교도 나가지 않고 밥도 먹지 않았다. 문을 걸어 잠그고 집 안의 모든 커튼을 쳐놓았다. 나의 공간에 그 누구도 들여놓지 않고 집 안에서 한 발자국도 나가지 않았다. 나는 처절하게 혼자였다.

날선 고슴도치

여전히 나는 온몸을 웅크린 고슴도치처럼 날이 서있다. 며칠 동안 집 안에서 꼼짝도 않고 있었더니 전화기의 벨이 보통 때보다 자주 울렸다. 처음 얼마간은 전화기를 보이지 않는 곳에 던져 놓고 신경 쓰지도 않고 있었지만, 마냥 전화를 받지 않는 것도 좋은 태도가 아닌 것 같아 전화를 받기 시작했다.

"괜찮아?"

"괜찮아?"

"다 같이 밥 먹으려는데 나올래?"

"동네 한 바퀴 돌면서 사진 찍으러 갈래?"

"커피 마시러 갈래?"

단원들에게서 전화가 오기도 하고 현지인 선생님들에게 전화가 오기도 했다. 이사이야스는 매일 내 현관문을 두드리며 괜찮으냐고 묻고 있다. 아, 정신을 차리고 보니 온통 주변에 걱정을 끼치고 있었다. 한 명의 나쁜 사내 때문에 내 곁에 있는 좋은 에티오피아인들까지 부정하고 있었다.

사람을 증오하고 예민한 마음으로 하루 종일 나를 괴롭히면서, 내가 세운 가시에 내가 찔려 고통스러워하고 있다. 나를 위해서도 언제까지 어둠에 빠져 허우적거리는 건 좋지 않은 것 같았다. 나쁜 사내를 생각하면 여전히 화가 삭혀지지 않았지만, 이대로 나를 걱정해 주는 사람들까지 나쁜 기억으로 만들어 버릴 순 없었다.

만약 나쁜 사내를 용서한다면 처음 이곳에서 느꼈던 설레던 두근거림을 돌려받을 수 있을까? 다시 온순해진 눈으로 사람을 받아들일 수 있게 될까?

나를 위해서 나쁜 사내를 용서하기로 했다. 미운 마음이 다른 사람에게 흘러가지 않도록 미움의 수도꼭지를 꽉 잠그고 내게 내밀어 주는 손을 하나씩 의지하며 천천히 가시를 내리기로 했다. 결국 사람에게서 받은 상처를 사람을 통해 극복해 가고 있었다.

괜찮아?

괜찮아?

…

응!

나 이제 괜찮아지고 있는 것 같아.

고마워, 모두.

소중함은 무심히 오래 남는다

조금씩 정상적인 생활 패턴으로 돌아오고 있는 것 같다. 학교도 다시 출근하기 시작했고, 사람들과 다시 어울리기 시작했고, 어느 정도 어둠을 걷어낸 것 같다. 엄청 오랜만에 학교에서 코워커 3인방 중 대장인 게타훈 선생님을 만났다.

"사라, 선생님들이랑 커피 마시러 갈래?"

"학교 카페요?"

"아니, 오늘은 선생님들이랑 다니는 단골 카페가 있어. 거긴 내가 아는 한 아와사에서 가장 커피가 맛있는 가게야."

오랜만에 보는 거라 반갑기도 했고 미술 수업 이야기도 할 겸 선생님들과 아와사 시내로 나가기로 했다. 게타훈 선생님에겐 멋진 오토바이가 있었는데, 출퇴근을 할 땐 항상 이 오토바이를 타고 왔다. 내가 처음 아와사에 왔을 때도 오토바이로 아와사 곳곳을 구경시켜 주었다. 학장님도 바자지를 타고 다니는데, 왠지 게타훈 선생님은 멋이라는 게 철철 넘치는 폼 나는 선생님인 것 같다. 게타훈 선생님이 아와사에 있는 날엔 그의 뒤에서 오토바이를 실컷 탈수 있었다. 학교에서 오토바이 위에 올라타고 있으면 주변학생들의 시선이 조금 민망하기도 했지만 비를 맞을까 모래먼지가 쌓일까, 애지중지 여기는 그의 오토바이를 탈 수 있다는 건 꽤 영광스러운 일이었다.

종종 코워커 3인방은 모여 커피를 마시곤 했다. 이야기를 살짝 엿들어 보면 학교에서 일어난 사소한 화젯거리거나 그들의 친척이나 가족들의 근황 이야기들이었다.

에티오피아 사람들은 커피를 마시며 대화하는 걸 즐기는데 커피 세리모니를 할 때 예를 갖추기 위해서 기본 3잔 이상의 커피를 마셔야 하는 걸 보면 단순히 3잔이라는 양적인 개념이 아니라 3잔을 마시는 동안 그들과 깊은 이야기를 나누고, 주변 사람들까지 챙기는 시간이 된다. 그들과 커피를 마시고 있으면 내가 그들의 관심과 보살핌 속에 있다는 느낌이 아주 많이 든다.

커피를 마시는 자리에서 내 역할은 그저 열심히 듣기평가를 하는 것뿐이지만, 중간 중간 내게 화젯거리를 돌려 한국에 관한 것을 묻거나 미술 전시에 대한 의견을 묻기도 했다.

내가 아와사에 온 이후로 그들은 어딜 가더라도 나를 챙겼다. 내가 수업을 총총거리며 따라다니는 모습이 대견스러웠던 건지, 강도를 만난 이후로 또 위험한 일을 겪은 건 아닌지, 혼자 고독에 몸부림치다 한국으로 돌아가 버리는 것은 아닐지, 여러 모로 걱정돼서인지 그들은 나를 살뜰히 챙겼다. 내게 오빠들이 있었다면 이런 느낌이었을까. 든든한 울타리 안에 있는 느낌이 든다. 나를 좋아하는 사람과 함께할 수 있다는 것, 그건 언제나 거절할 수 없는 감사함이었다.

소중함은 무심히 그러나 오랫동안 마음에 남는다.

은은하게 시작되는 어떤 것

아와사의 시내 카페 안, 자주 가던 단골집 카페에서 알렉스 선생님에게 나의 수업 계획을 말했다.

"저 새로운 수업을 만들어 볼래요."

커피를 한 모금씩 마시던 알렉스 선생님은 흥미 있는 듯 내게 다시 물었다.

"어떤 수업을 하고 싶어?"

"나중에 이 학생들이 초등학교로 수업을 나가게 되면 그때 가르칠 수 있는 것들을 수업으로 만들어 보고 싶어요."

코워커에게 A4 용지에 빼곡히 적어 놓은 수업 계획표와 자료 사진을 펼쳐 놓고 혹시나 내가 적어온 영어 단어나 영어 문장이 틀렸을까봐 부연 설명을 하기 시작했다.

"이건 종이접기라는 수업이고, 이건 스크래치라는 수업이고, 이건 데칼코마니라는 수업이에요. 학생들에게 다양한 기초 미술을 가르치고 싶어요. 재료나 수업 주제는 매 시간 다르게 할 생각이에요."

알렉스 선생님은 아주 재미있다는 듯 내 말에 집중하고 있었다.

"지금은 재료가 아무것도 없으니 한국에 신청해야 하고 당분간은 에티오피아에서 구할 수 있는 재료로 수업을 해보려고 해요. 기초적인 미술을 가르치면서 창의적인 그림을 그릴 수 있는 수업을 해보려

고요. 어떤가요? 괜찮은가요?”

긴장된 눈으로 알렉스 선생님을 바라보았다. 종이를 한참 읽어 보던 그는 “에티오피아에서 이런 수업들은 꽤 유용할 것 같아. 재미있을 것 같기도 하고” 그리고선 수업시간 배정을 검토해 보겠다며 그 큰 눈을 찡긋거렸다.

“우와앗! 정말요?”

나도 모르게 소리쳤다. 기쁜 감정을 이루 말할 수가 없었다. 체면쯤은 벗어 두고 덩실덩실 춤이라도 추고 싶었다. 출렁이는 입꼬리를 진정시키기 힘들어 실없는 사람처럼 히죽거리고 있었다. 알렉스 선생님은 화답이라도 하듯 눈썹을 들썩거리며 씩 웃어 보였다.

이 학교에 오기 전 작은 목표가 있었다. 내게 배운 수업들을 곱씹어 언젠가 자신들이 선생님이 되었을 때 다시금 그들의 학생에게 가르쳐줄 수 있게 되길 바랐다. 외국인 선생님에게 배웠던 어렴풋한 수업의 한 조각을 즐거웠던 수업으로 떠올리길 바라며 딱딱한 수업이 아닌 재미있는 놀이로, 한 명의 학생이 아닌 모두의 학생이 만족하는 수업을 하고 싶다는 그런 작은 바람, 반드시 이루고 싶은 간절한 바람.

막상 새로운 뭔가를 도전하려니 막막하긴 하지만 나의 도전이 무모해지지 않기를, 나의 노력이 무안해지지 않기를. 바라건대, 이 길의 끝엔 해피엔딩이 기다리고 있기를. 술을 잘 마실 줄 알았다면 거하게 취하고 싶을 만큼 행복한 날이었다.

우주 먼지의 반란

해외봉사활동이라는 게 겉으로 보면 되게 그럴싸한 포장지에 쌓여 누구나 갖고 싶은 근사한 경험이지만, 조금만 자세히 들여다보면 온통 자기와의 싸움이다. 알아주는 이 하나 없이 긴긴 시간을 홀로 견뎌 내야 한다. 후회하지 않겠다고 나서는 이 길의 끝엔 낭떠러지가 있을 수도 있고, 더 이상 갈 수 없는 막다른 길일 수도 있다.

빈곤한 나라에 봉사활동을 왔기 때문에 내가 중요한 사람이 될 거란 건 나만의 착각이었다. 냉정하게 보자면 학교 안에서 외국인 선생님의 존재감은 그다지 크지 않다. 현지 선생님들만으로도 학교는 충분히 잘 돌아가고 있었으니까. 해도 괜찮은 하지 않아도 괜찮은 그런 아슬아슬한 경계에서 나에게 주어진 일을 적당한 수준에서 수행하는 과정의 연속이었다. 그러면 선을 지키며 내가 할 일만 하면 되지 않겠느냐고 생각할 수도 있겠지만, 이대로 수업 보조만 하다가는 내 존재감도 저 멀리 우주 먼지로 사라져 버릴지도 모르겠다.

결국 내 수업도 이번 학기에 배정되기 힘든 듯했다. 이미 시작된 학기 중간에 새 수업을 넣는 건 쉽지 않은 모양이었다. 다시 제자리로 돌아가 내 차례를 기다려야 한다. 이렇게 일이 제대로 주어지지 않는 상황이 올 수도 있는데, 이런 상황에서 존재감마저 사라진다면 이곳에서 버텨낼 재간이 없다. 수업만 따라다녀 봤자 우주먼지 같은 존재

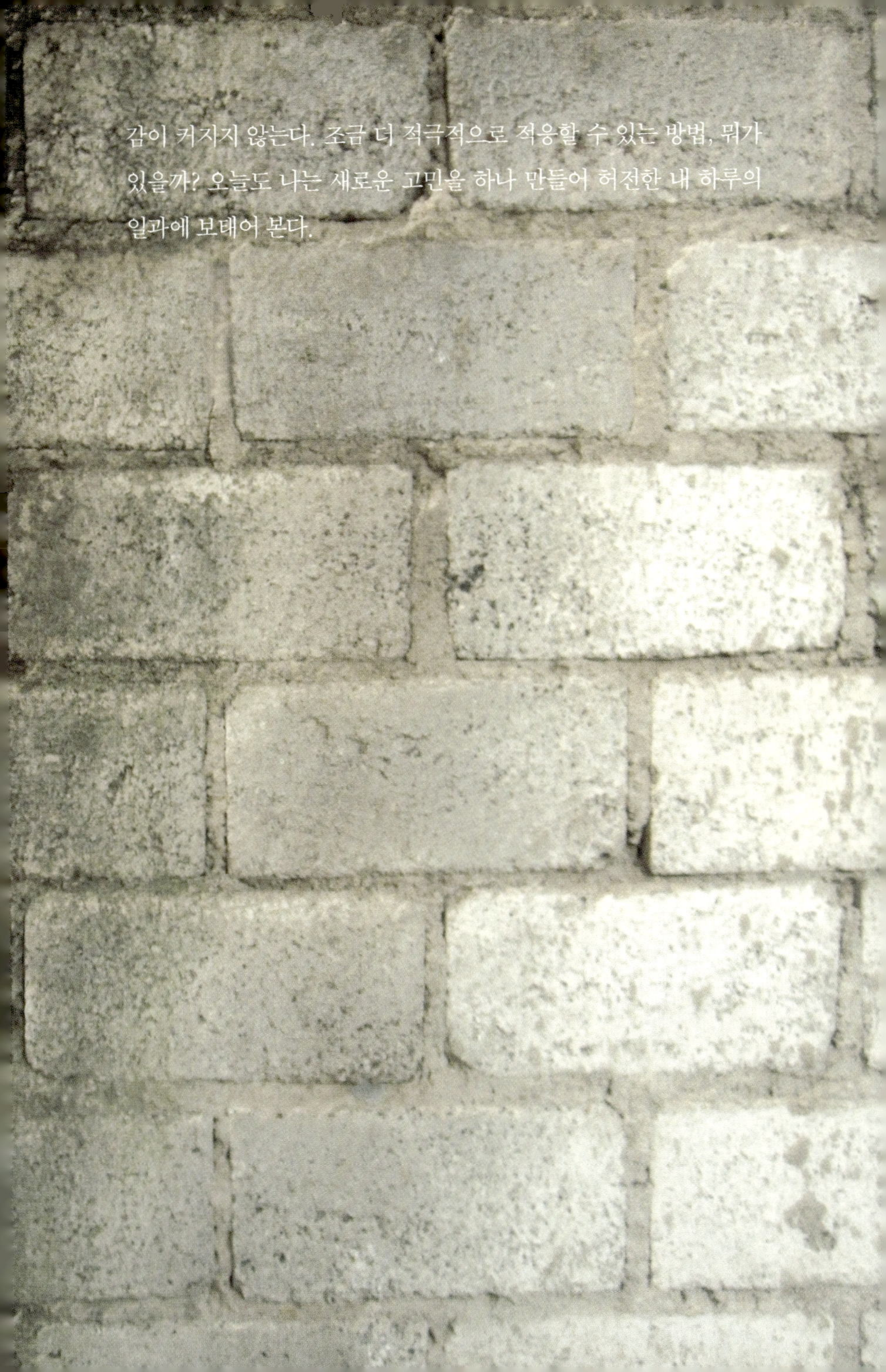

감이 커지지 않는다. 조금 더 적극적으로 적응할 수 있는 방법, 뭐가 있을까? 오늘도 나는 새로운 고민을 하나 만들어 허전한 내 하루의 일과에 보태어 본다.

감정 지우개

이제 곧 우기가 시작되면 학기가 종료되고 방학이 온다. 그동안 몸이 아프기도 했고 놀라운 일도 겪었지만, 조금씩 극복하면서 어찌어찌 잘 버티고 있는 중이다. 봉사활동을 하는 날들이 항상 좋을 수만 없고 항상 행복하지도 않다.

수백만 개의 감정들이 갑작스레 찾아와 나를 힘들게 하려 할 때, 나의 나약함이 나쁜 감정을 외면하지 못한다면, 그 순간 내게 가장 필요 없는 감정이 무엇인지 곰곰이 생각해 본다. 그리고 깊이를 가늠할 수 없는 끝없는 바닥에서 가장 나쁜 감정 하나를 지우개로 지워, 당장 내게 닥친 고비를 넘긴다. 대단한 건 없지만, 그렇게 한 고비 한 고비 겨우겨우 넘기다 보면 나도 모르는 새 종착점에 가까워져 있을지도 모른다.

어떤 감정을 지우든, 이것이 가져다줄 결과는 온전히 내가 감당해야 하지만 지금 무심하게 흐르는 이 시간들은 다시 돌아오지 않을 소멸되어 버린 미래의 한 칸이기에 언제나 나를 믿고 당당하게 살아가기 위해 노력해야 한다. 모진 풍파를 견디고 얻어낸 뚜렷한 가치관과 목표의식이 나를 더 빛나게 해줄 거라 믿기에.

여전히 아와사의 해는 6시에 뜨고 6시에 지고, 하늘은 언제나 파스텔 빛깔의 하늘색이다. 그 사이 체육 단원의 후임으로 태권도 단원이 새로 왔고 곧 있으면 체육 단원과 미술 단원의 임기가 끝나게 된다. 그러고 나면 뒤이어 컴퓨터 단원도 떠난다. 여전한 아와사 동네에도 약간의 변화가 생기는 중이다.

나 또한 예전에 비해 쉽게 불행의 감정에 쉽게 휩쓸리지 않는 걸 보니, 내게 시간이라는 약발이 꽤 잘 먹히는 것 같다.

누군가의 떠남은 누군가의 시작

게타훈 선생님이 곧 떠날 단원들의 환송회 겸 새로 온 태권도 단원의 환영식을 해주겠다며 아와사 단원을 모두 초대했다. 우리가 게타훈 선생님 집에 도착했을 쯤엔 뜨거운 태양의 열기가 한 김 식어 가고 있을 무렵이었다.

큰 대문을 열고 들어가니 낮은 담벼락 아래로 반짝이는 선생님의 오토바이가 내일을 위해 휴식을 취하고 있고 앞마당엔 커다란 이름 모를 나무 한 그루와 수도꼭지 하나 아직 열매를 맺지 않은 작은 바나나가 자리를 차지하고 있다. 정갈하게 쌓아 올린 벽돌 사이로 시원하게 뚫린 창문이 내 모습을 반사시키고 있지만 가까이 들여다보니 음식을 준비하느라 분주한 선생님의 가족이 보인다. 언제 와도 안락한 게타훈 선생님의 집이다. 아와사에 처음 도착했을 때 이곳에서 홈스테이를 했었으니 내겐 더욱 애틋한 장소이기도 했다.

오늘의 요리사는 게타훈 선생님인가 보다. 부엌에서 핏물이 채 가시지 않은 염소 고기를 대야에 가득 담아 마당으로 옮기고서 적당한 위치에 장작을 와르르 쏟아 낸다. 장작 위로 내 몸만 한 커다란 프라이팬을 올리고 장작 불길이 프라이팬 주변을 감싸 안을 즈음이면 준비해둔 고기와 함께 양파와 허브를 넣어 볶기 시작한다. 고기는 기름에 바짝 튀겨질 때까지 볶는데, 우리들은 고기가 익기를 기다리며 익살스런 표정으로 오늘의 추억을 사진에 남기기 바빴다.

침을 꼴깍 삼키며 꼬르륵거리는 소리가 민망하게 흘러나올 즈음 쫄깃쫄깃 부드러운 뜹스가 완성된 듯했다. 인제라를 뜯어 풍성한 풍미를 한껏 품은 뜹스를 한 움큼 싸서 입으로 집어넣고 탄산음료도 입안 가득 머금어 조화로운 맛을 음미해 본다. 밥은 역시 집밥이 최고라는 것은 만국 공통 진리인가 보다. 여태껏 먹었던 어느 뜹스보다 맛이 좋다.

쉴 새 없이 꽉 채운 배를 토닥이며 시원한 밤바람의 공기를 쐬고 있으니 이번엔 게타훈 선생님의 부인이 커피 세리머니를 위한 찻잔을 준비하고 있다. 그사이 게타훈 선생님은 우리를 마당 의자에 차례로 앉히더니 우리는 모두 한 가족이라며, 오늘은 너무 기분 좋은 날이라며, 새로운 가족이 늘었다며, 눈을 동그랗게 뜨고 한껏 크게 웃으신다.

향기로운 밤바람을 타고 흐르는 커피 향이 온유하게 우리를 맞이한다. 창망한 하늘은 하얀 구름을 밀어 내고 빼곡한 별을 가득 채웠다. 곧 떠날 단원들의 아쉬운 마음도, 새로 온 단원의 포부도 그저 풍성한 커피 향에 뒤섞여 버리고 만다.

이날의 기억은 유난히 밝은 달빛 아래 나란히 앉은 사람들의 얼굴, 달아오른 홍으로 출렁거리던 게타훈 선생님의 어깨, 고막을 가득 채우는 달싹거리던 음악소리, 그윽한 어둠 속에서 잔잔하게 잠을 청하는 불씨, 축복을 나누던 커피의 진한 향, 풋내 나던 풀내음.

깊어 가는 밤 자락 작은 소란 가득한 아와사는 누군가의 마지막, 누군가의 새로운 시작을 품고서 여전히 반짝거리고 있었다. 소록소록 추억이 내리는 밤이었다.

미술 단원이기에 기쁘다

다시 에티오피아로 돌아오고 나서 근처 고아원으로 봉사활동을 다녔다. 초등학생보다 더 어린아이들에게 미술 수업을 하는 건데, 학교에서 하지 못했던 수업을 여기 아이들에게 해줬다. 어린이들이기 때문에 학교에서 보던 학생들과는 또 달랐다. 가위질을 못 하거나 색칠 공부라도 할 것 같으면 힘 조절이 안 돼서 선 바깥으로 크레파스 선이 엉망진창으로 튀어 나가거나 전혀 새로운 형태의 결과물이 나와 버리지만, 이 아이들을 만날 수 있다는 것만으로도 시간이 알차게 채워지는 것 같았다.

그 무렵 수도 아디스아바바에서는 협력의사 선생님이 재미있는 행사를 기획하고 있었다. 현지인들에게 'KOICA'를 알리고 에티오피아에서 단원들의 활동을 대외적으로 홍보하는 행사였는데, 흥미로운 것은 단원이 주도적으로 행사를 준비하고 끌어가는 것이었다. 우스갯소리로 KOICA 단원들을 분야별로 한 명씩만 모아도 웬만한 회사가 차려질 거라더니, 한 분야의 전문적인 경험은 열악한 현지에서 하나부터 열까지 버릴 데가 없는 것 같다.

그러던 어느 날 내게 러브콜이 왔다. 협력의사 선생님은 내가 그래픽 자격증이 있다는 이야기를 들었던 모양이다. 포토샵이랑 일러스트로 포스터 및 각종 사진 작업을 해줄 사람을 찾고 있었다. 방학이라 시간 여유가 있었고 무엇보다 의미 있어 보이는 행사에 내가 할 수 있는 일이 있다는 게 좋았다.

행사 총괄 진행을 맡은 협력의사 선생님과 나를 포함한 단원 6명이 KOICA 활동 포스터 편집 작업, 행사 메인 포스터 작업, 영어 번역을 하는 운영팀이 되었고, 태권도 공연과 K-POP 커버댄스를 추는 공연팀, 행사 당일 행사 진행을 도울 진행팀으로 나뉘었다. 운영팀에 속한 여자 단원들은 커버댄스를 추는 공연팀에도 속해 있었는데, 난 행사 전에는 유숙소에서 포스터 작업을 하고, 행사 당일엔 커버댄스와 페이스 페인팅을 하게 되었다. 행사 준비는 한 달을 꼬박 밤을 새워 완성된다.

행사를 준비하다 보니 처음 예상했던 규모보다 점점 커져 간다. 장소를 물색해서 가장 적당한 위치에 정한 것 같은데, 교통이 편리하고 행사장 규모도 거의 축구장 넓이만큼 되는 것 같았다. 그 공간을 사람들로 빼곡하게 채우기 위해 KOICA 사무소 직원들은 물론이고 대사관 직원들을 포함한 에티오피아 한인들, 현지 기관 사람들에게 초대장을 보내고, 사람들이 많이 모이는 곳으로 가서 길거리 홍보로 행사를 알리고 다녔다.

땀의 결실이 맺어지던 날, 행사는 대성공으로 끝마쳤다. 방문하는 현지인이 포스터를 구경하고 있으면 각 단원들이 자신의 활동 분야를 적극 알리고, 한국이라는 나라가 어떤 나라인지 에티오피아에서 무엇을 하며 국제협력을 위해 애쓰고 있는지 현지인들에게 각인시켜 주었다. 자신의 전문 분야에 서있는 단원들은 눈부시게 빛나고 있었다.

그동안 에티오피아에서 벽화를 그리러 다니고, 수업 이외의 봉사활동을 찾아다니고 있었지만 혼자가 아닌 많은 단원들과 함께한 한 달은 내게 가장 감동적인 선물과 같은 시간이었다. 밤을 새며 포스터를 만들고, 야식을 나눠 먹고, 눈을 뜨자마자 좋아하는 사람들과 함께 일하다 보니, 대학교 때 친구들과 밤새워 전시회 준비하던 생각이 들어 매 순간이 즐겁고 행복했다. 하기 싫은 걸 억지로 하는 게 아닌, 하고 싶은걸 마음껏 할 때는 몇 달을 꼬박 밤을 샌다 해도 언제나 대환영이었다. 한 달의 시간 그리고 한 달의 노력은 내가 미술 단원이었기에 누릴 수 있었던 감사한 시간이었다고 생각한다. 남은 시간도 내가 미술 단원이기에 내가 미술을 할 줄 알기에 보람된 시간으로 가득 채워졌으면 좋겠다.

WORLD
FRIENDS
REPUBLIC OF
KOREA
KOICA
REPUBLIC OF
KOREA
KOICA
WORLD
FRIENDS
KOREA
WORLD
FRIENDS

adidas

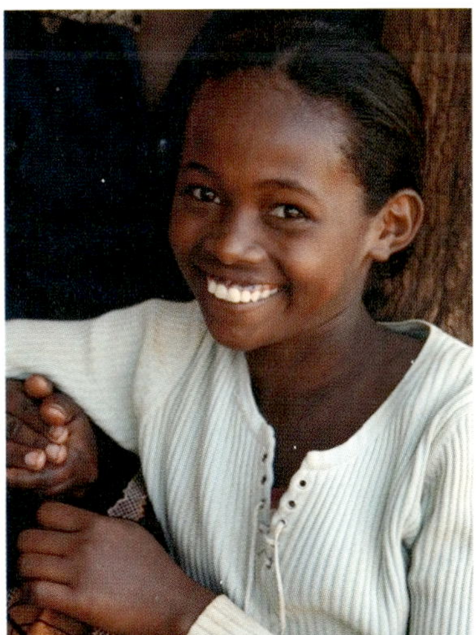

3
+24(720)

지금이 나의 시작

태양이 이글이글 작열하는 뙤약볕 아래, 오늘도 햇빛을 가려줄 챙이 넓은 모자를 쓰고서 종종걸음으로 출근하고 있었다. 예체능과 건물에 거의 다다랐을 즈음 누군가 내 이름을 부르는 소리가 들렸다.

"사라!"

햇빛 때문에 약간은 얼굴을 찌푸리며 뒤를 돌아봤다. 저 멀리서 알렉스 선생님이 함박웃음을 지으며 걸어오고 있었다. 출처를 알 수 없는 눈부심 때문에 알렉스 선생님의 얼굴은 굉장히 환하게 빛나고 있었던 것 같다. 왜인지는 모르겠지만 이 순간은 몇 년이 지난 지금까지도 선명하게 기억이 난다. 뒤돌아선 자리에 멈춰 서서 그가 다가오길 기다리고 있었다. 그는 흰 종이를 들고 있었고 나를 향해 그 하얀 종이를 흔들어 댔다

순간 나는 직감할 수 있었다.

'아! 설마? 드디어!'

선생님과 나의 거리를 참지 못하고 달려갔다. 종이를 받아든 순간 기쁨이 물밀 듯 차올라 그 어느 노래 가사처럼 하마터면 다리에 힘이 풀려 주저앉을 뻔했다. 아, 이게 그렇게 애타게 기다리던 나의 시작인가. 여러 모로 고생했을 알렉스 선생님을 힘껏 안았다.

'ART PARK JUNG EUN.'

다른 미술 선생님들의 수업 사이에 자리 잡고 있는 나의 이름이 이다지도 사랑스럽다니. 내 이름을 읽고 또 읽었다. 뭉클해지는 가슴을 진정시키고 확인하고 또 확인했다. 분명했다. 정말 내 이름이 수줍게 고개 내밀고 있었다.

내 작은 존재는 어지럽게 흔들리던 시간을 지나 혼돈의 틈을 비집고 빛의 세상을 마주했다. 이 길 끝엔 어떤 것이 나를 기다리고 있을까? 행복, 기쁨, 뿌듯함, 만족 같은 최고의 감정일까? 괴로움, 원망, 슬픔, 노여움 같은 비극의 감정일까? 시작이 설레는 이유는 수천가지의 감정을 무한히 적용할 수 있다는 건데, 우선은 내게 달려오고 있는 벅차오름을 한껏 즐기고 싶다.

안녕하세요, 나의 미술 시간

담당 학생은 2학년, 월요일부터 목요일까지 기초 응용미술과 미술의 전반적인 기초를 다지는 수업을 한다. 40명이 조금 넘는 학생들, 낯익은 얼굴들이지만 이들 앞에 홀로 서있기는 처음이었다. 수없이 연습했던 인사말. 어쩌면 전하지도 못했을 그 말을 드디어 그들에게 전할 수 있게 되었다.

"안녕하세요. 제 이름은 사라예요! 물론 이름은 알고 있겠지만 이번 학기부터 여러분들의 선생님이 되었어요."

살짝 어두운 교실 안에서, 학생들은 큰 눈을 반짝이며 나를 바라보고 있었다. 나보다 큰 아이들을 모두 의자에 앉혀 놓고 보니 좁은 교실이 더 빽빽해졌다.

"이번 학기부터는 기초미술을 배우게 될 거예요. 그림도 그리고 만들기도 하고 여러분들이 졸업하고도 아이들에게 가르쳐줄 수 있는 미술 수업을 하려고 해요. 재미있는 수업이 되면 좋겠어요."

축적된 긴장과 기대감이 섞여 입꼬리를 타고 폭발한 듯한 기분이다. 미리 준비한 프린트물을 학생들에게 나눠 주고 수업 계획을 간단하게 소개했다. 긴장하지 않으려 했는데, 역시나 처음은 언제나 떨린다. 미세하게 흔들리는 목소리를 들키지 않으려 일부러 과장된 손짓으로 내 안의 낯섦을 감추려 한다. 준비한 말은 잘하고 있는지, 학생

들은 내 말을 알아듣고 있는지 그런 눈치를 볼 틈도 없다. 그렇게 첫 오리엔테이션은 혼돈 속에서 끝났다.

내 앞에 앉은 학생들은 바깥에서 보던 사람들과 조금 다른 것 같다. 조금 더 얌전하다고 할까. 순수하다고 할까. 까불지도 않는다. 시끄럽지도 않다. 내가 말하고 있으면 나만 뚫어져라 쳐다보고 있다. 어디서 본 듯한 익숙한 이 눈빛. 그래, 이 아이들 먹이를 물고 있는 어미 새를 바라보는 아기 새들 같다. 룰루랄라 콧노래가 저절로 나오고, 자꾸만 피식거리는 잔망스러운 웃음을 참을 수 없고, 심장이 두근대는 건 여전히 들떠 있는 내 마음이 제어되지 못한 탓이다. 조금 상기된, 살짝 발그레한, 교실 속의 나.

내가 너희들에게 마음에 드는 것을 잘 물어다 줄지 모르겠지만, 어여쁜 나의 아기 새들 앞으로 잘 부탁해.

과거의 죽음으로부터

우체국에서 전화가 온다. 한국에 신청했던 물품 박스가 도착했다는 연락이었다. 내 품에 가득 안길 만큼 커다란 박스 안에는 크레파스, 각종 물감, 붓, 수수깡, 색종이, 지점토 같은 수업 재료로 쓸 것들로 가득했다. 어릴 적 크리스마스 전날 산타할아버지의 선물을 기다리며 머리맡에 간절한 소망을 담아 카드를 썼었다. 내 장화 속에 선물을 가득 담아 달라고. 다음 날 빨간 장화 속에 가득한 과자와 젤리를 보고 엄청 행복했는데 그때의 기분을 지금 이 미술 재료 박스를 보며 느끼고 있다. 끊임없이 쏟아지는 재료들에 기쁨을 감출 수가 없었다. 이제야 수업다운 수업을 꾸려갈 수 있겠다는 생각이 든다. 나의 각오를 뒷받침해줄 지원군들이 어찌나 든든한지. 아아, 진짜 좋다.

당장 필요한 재료들을 챙겨서 학교로 갔다. 가지고 온 재료들은 교실 한쪽에 가지런히 정리해 두고 알렉스 선생님에게서 한가득 받아온 색도화지를 책상 위에 쫙 펼쳤다. 며칠 뒤 첫 수업에 사용할 재료와 도안을 미리 준비해야 했기에 색도화지를 적당한 사각형 크기로 잘깍잘깍 가위질하고 뒷면에는 프린트해온 출결 종이를 잘라 붙였다. 아무도 없는 빈 교실엔 풀, 가위질 소리만 잔잔히 울려 퍼진다.

한국에 있을 땐 이런 연장 근무가 싫었다. 빠듯한 수업이 힘들었고 반복되는 무료함에 지쳐 갔고, 모든 상황에 예민했다. 그땐 왜 그렇게 모든 것에 불만이었을까. 투덜거린다고 해결되는 것은 아무것도 없었는데 말이다. 에티오피아에서 지금 나는 연장 근무를 찾아서 하고 있는 중이다. 아무도 시키지 않는데 단순한 풀질, 가위질을 하면서도 혼자 신이 나있다. 힘은 마르지 않고 불만은 상실되었다.

처음을 함께한다는 건 서로의 기억 속에 오랫동안 머물 수 있는 자격도 함께 온다는 뜻이기도 하다. 곧 시작될 수업을 함께할 나와 학생들은 서로에게 어떤 처음으로 기억될 수 있을까?

이제는 조금 알 것 같다. 행복을 얻기 위해선 용기가 필요하고, 소심한 용기조차 없었다면 내 삶은 여전히 불평불만으로 가득 차 그 자리에 머물러 있었을 거라는 걸. 완전히 뒤바뀐 관점으로 나를 돌이켜보니, 예전의 겁이 조금은 묽어진 것 같다. 소극적이고 자존감 낮던 예전의 나는 죽었다. 소심한 겁쟁이의 죽음을 환영한다. 앞으로 난 어떤 모습으로 성장해 갈까?

대본의 완성

어느 주말 저녁, 든든하게 밥을 챙겨 먹고 뒷마당을 서성인다. 이사이야스 집에 인기척이 있는지 살피다 불이 켜진 창문을 확인하고서 조심스레 말을 건넨다.

"이사이야스, 나 좀 도와줘."

뒷짐을 진 두 손을 꼭 쥐고 멋쩍은 듯 웃어 본다. 그의 시간을 방해하고 싶진 않지만 요즘은 그의 도움이 절실하다. 꾸준히 암하릭을 공부하고 있긴 하지만, 고작 몇 개월 만에 현지인처럼 능숙하게 말한다는 건 쉬운 일이 아니었다. 당장 내게 주어진 수업이 얼마나 귀한 기회인지 너무나 잘 알기에, 가급적 내 한계를 넘어서라도 수업 내용을 명확하게 전달하고 싶었다. 그런 일을 도와줄 수 있는 사람은 나와 가장 가까이에 있으면서도 현지어를 잘하고 최선을 다해줄 사람, 바로 이사이야스밖에 없었다. 이사이야스와 머리를 맞대고 수업 자료를 만들기 시작한다. 고요한 나의 집 거실이 단숨에 열정을 흩뿌리는 연구실로 바뀐 것 같다.

과정은 대충 이렇다. 거실 소파에 나란히 앉아 이번 학기 수업 내용을 미리 시뮬레이션으로 설명하면 이사이야스는 현지어로 다듬어 연습장에 적어 준다. 그러면 내가 그걸 수업용 공책에 옮겨 대본으로 만들어 놓고 읽어 보기도 하고 단어를 외우기도 하면서 수업을 미리

연습한다. 이 대본은 수업이 시작되자마자 내가 한 번, 반장이 한 번, 총 두 번을 읽는다. 현지어를 현지인이 읽으면 아이들에게 더 정확하게 이해하겠지. 수업을 이해했다는 건 그들이 나타내고 싶어하는 표현력을 조금 더 구체적으로 끌어낼 수 있게 된다는 뜻이기도 할 테고.

섬세한 노력이 미세한 간극을 메울 수 있는 강력한 접착제가 되면 좋겠다. 그러다가 극대화된 효과를 얻으면 더 좋고. 아직도 나는 많은 부분에서 부족하고 허점투성이고 어떤 것이 이 길의 정답인지 모르겠지만, 때론 노력하고 있다는 것만으로도 충분히 가치 있는 일이 될 수도 있기에 오늘도 나는 여러 가지 도전을 주저하지 않는다.

말라리아 예민 주의보

요즘엔 조용하다 싶더니만 시끄러운 모기 한 마리가 한밤중 곤히 잠들어 있던 나를 깨웠다. 이불을 머리끝까지 뒤집어쓰고 다시 잠을 청하지만 숨이 막혀 편하게 잠이 오지 않는다. 고개를 살짝 내밀었더니 그새 피 냄새를 맡은 모기가 윙윙거리며 내 귓가를 맴돌아 이대로 잠자기는 힘들 것 같다.

에티오피아 전체가 말라리아 위험 지역이라 모기에 예민할 수밖에 없는데, 고산지대인 수도를 제외하고 해발고도가 낮은 지역으로 갈수록 말라리아에 노출될 확률이 높다. 그런데 이곳에서 수개월 살다 보면 위험 요소에 둔해진다. 도시에서는 말라리아에 걸릴 확률이 그리 크지 않다 생각하기 때문이었다.

그런데 얼마 전 북부에 사는 태권도 단원이 말라리아에 걸렸다. 건강하던 단원이었는데, 안 그래도 하얀 애가 백지처럼 창백해져서 열이 났다 가라앉았다를 반복하며 힘들어 죽을 뻔했단다. 말로만 듣던 말라리아가 남의 이야기가 아닐 수 있겠단 생각이 번뜩 들어 안일하게 생각했던 말라리아에 대해 다시 한 번 생각하게 된다. 지금 내 방을 겁 없이 날아다니는 모기는 평범한 모기일 가능성이 높지만 꼭 말라리아 때문이 아니더라도 더 이상 빈대, 모기 따위에게 내 피를 나누고 싶지 않았다.

수북하게 쌓인 짐 꾸러미를 헤집어 파견될 때 받은 모기장을 찾았다. 한국에서 가져온 접착 고리로 급하게 모기장을 설치하고 그걸로 모자라 모기 퇴치 스프레이를 한가득 뿌렸다. 모기 쫓는 팔찌도 차고 전기 모기 퇴치제도 꽂아 놓고 보니, 참 유난스럽고 호들갑스러운 모양새였다. 덕분에 이미 잠은 깬 지 오래다. 집 안에서 모기약 냄새가 진동하고 있고 오밤중에 이게 무슨 난리인가 싶지만 차라리 유난스러운 게 낫지 물리고 나서 가려운 건 죽기보다 싫었다. 모기에 겁먹은 사람 하나가 모기장 안에서 우스꽝스럽게 외친다.

"저리 꺼져 버려! 모기 따위 아무도 반겨 주지 않는다고!"

BIZUAYEHU
GEMECHU
SARA
TIBEBU

그림 출석부

선생님이라는 자리는 내게 다소 어려운 숙제를 내주었다. 160명쯤 되는 학생들 얼굴을 다 외우려니 여간 어려운 일이 아니었다. 코워커가 가지고 다니는 출석부는 학생들 이름만 적혀 있어서 이걸로는 학생들을 구별하기 힘들어, 내게 맞는 맞춤형 출석부가 필요했다. 미술부 출석부라면 모름지기 그림 하나 정도는 넣어 주는 게 좋겠다고 생각했다. 그러다 보니 아예 새로운 출석부를 만드는 게 어떨까 생각이 들어서 색도화지를 학생들에게 2장씩 나눠 주고 자기 얼굴을 그리도록 했다. 한 장은 내가 한 장은 학생들이 갖고 갈 그림들이었다.

"여러분, 이 출석부는 제가 한국에 가서도 소중하게 간직할 거예요. 못 그려도 좋으니 최선을 다해 그려 보도록 해요."

종이를 받아든 학생들은 의외로 망설임 없이 그림을 그려 나갔다. 이런 수업을 처음 받는 학생들이 대부분이라 걱정됐는데 소극적이거나 주눅 든 학생의 모습은 찾아볼 수 없었다. 빨간색 머리카락, 세모 얼굴, 파란색 피부, 무지개 얼굴을 가진 다양한 자화상을 그리고 있었다. 자화상은 획일적이지 않겠느냐는 편견을 보란 듯이 날려 버린다. 뭐든 해보지 않고 성급하게 판단 내리면 안 된다는 걸 또 한 번 느낀다.

첫 시간, 학생들은 꽤 활기찬 모습이었다. 출석을 부르기 쉽게 이름을 한글로 적었다. 그래도 뭔가 부족해 보여서 자화상 옆에 학생들의 증명사진을 같이 붙였다. 사각형 카드 안에 그들의 그림과 사진, 이름까지 한데 모여 있으니 학생들을 외우지 못할 핑계는 말끔히 사라진 것 같았다. 함께 출석부를 만들고 보니 예쁘기도 하고 특별하기도 하다. 한국에서도 평생 소중하게 간직할 학생들의 자화상이 빛나고 있다. 봐도 봐도 참 예쁘다.

정전이 주는 꾸지람

천장에 붙어 있는 형광등이 힘겹게 좁은 교실을 밝히고 있다. 이날은 협동 그림을 조별로 모여 그리는 수업이라 학생들은 조를 만들어 그림에 대한 주제를 정하고 있었다. 교실엔 고장 난 형광등이 대부분이라 그나마 몇 개 들어오는 불에 의지해 수업을 이어나가는데 그마저도 갑작스러운 정전 때문에 힘겹게 비추던 빛이 휑하니 사라져 버린다.

'아, 이런 수업 중에 전기가 나간 건 처음인데.'

불이 나가는 순간 내 사고의 회로도 함께 정지된다. 여기서 수업을 끝내야 하나. 보충수업으로 넘겨야 하나. 혼자서 이러지도 못하고 저러지도 못하고 있는데, 저 멀리 한 학생이 핸드폰에 내장된 플래시를 켠다. 정전은 신경 쓰지 않는 듯 조원들과 계속해서 이야기를 이어나간다. 다른 조 학생들도 마찬가지였다 어둠 속에서 소란스럽지 않다. 동요하지 않는 에티오피아인의 모습을 교실에서도 보게 되다니 조금 충격이라고 할까 놀라움을 금치 못했다.

내 의지로 어쩔 수 없는 정전이었지만 마음만 먹으면 내 권한으로 수업을 그만둘 수 있었다. 하지만 어두운 교실 한구석에서 새어 나온 한 줄기 빛은 그들의 의지, 그들의 배울 권리, 그들의 본분이었을 터. 학생들에게서 느껴지는 수업에 대한 열의는 나의 미숙한 판단 능력을 한껏 꾸짖고 있었다. 빨리 포기하지 않고, 쉽게 단념하지 않는 그들의 의연한 대처를 보며 빨리 포기하고, 쉽게 단념하려 했던 나약한 내 모습을 질책했다. 어쩌면 그런 면에서 이 아이들은 나보다 더 어른일지도 모르겠다.

페이스 페인팅

"사라, 봉사활동 갈 생각 있어?"

학교 카페 안에서 함께 커피를 마시던 브루하누 선생님과 알렉스 선생님이 내게 물었다.

"네? 무슨 봉사활동이요?"

"우리가 주말마다 봉사활동을 다니는데 유치원 운동회에 와달라고 해서 말이야. 거기서 페이스페인팅을 할 거야."

마침 수도에서 행사 때 쓰고 남은 페이스페인팅 물감이 있었고 에티오피아 유치원생들의 운동회가 궁금하기도 해서 그들을 따라 나섰다.

하늘엔 뭉게구름이 떠있고 땅 위엔 포근한 바람이 불어오는 평화로운 아와사였다. 작은 담이 쌓인 단층 건물 너머로 시끌시끌한 아이들의 소리가 함성소리와 뒤섞여 그날의 흥분을 고스란히 느낄 수 있었다.

아이들은 운동장에서 달리기를 하거나 풍선 같아 보이는 공을 던져 통에 넣고 있었다. 어떤 아이들은 노래와 춤을 추면서 흥을 감추지 못하고 있었다. 신나게 춤추고 있는 아이들을 지나 한 쪽 벽면에 자리를 잡고 간이 테이블을 펼쳐 페이스페인팅 물감을 올려놓았다. 부푼 기대감을 가지고 아이들을 기다리는데 한참 동안 아무도 오지 않

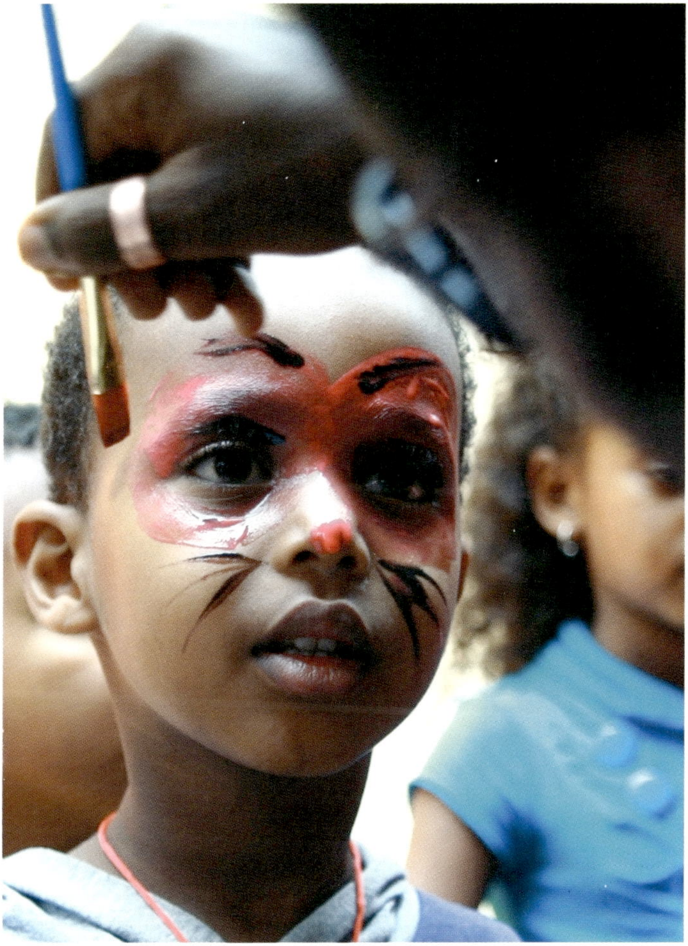

는다. 덩그러니 내버려진 선생님 둘과 나 그리고 테이블. 아이들은 춤추고 달리고 노느라 우리한테 관심조차 없는 듯했다. 많이 심심했던지 브루하누 선생님과 알렉스 선생님은 아이들 대신 서로의 얼굴에 그림을 그려 주겠다며 아웅다웅하고 있었다.

그렇게 시간이 좀 흘렀을까. 알렉스 선생님이 그림을 그려 주겠다며 지나가는 아이를 붙잡아 의자에 앉히는 데 성공했다. 부러운 듯 알렉스 선생님을 쳐다보고 있으니 뒤를 이어 아이들 몇몇이 자기도 그려 달라며 빈 의자에 앉았다.

'와우! 나도 첫 손님이 왔어.'

브루하누 선생님과 알렉스 선생님이 그림 그리는 걸 보니 손놀림이 예사롭지 않았다. 얼굴에 작게 포인트만 주는 줄 알았는데, 아이들 얼굴을 물감으로 가득 채워 버린다. 음, 예쁜 가면을 쓴 것 같기도 하고 가장무도회 같은 느낌이 난다.

사자, 호랑이, 원숭이, 축구공, 거미. 정해진 도안 없이 아이들이 원하는 것을 얼굴에 그린다. 부드러운 아이들의 피부 위로 그림을 그리려니 실크가 따로 없다. 예쁜 여자아이가 내 앞에 앉더니 예쁜 걸 그려 달라고 한다. 뭘 그려 줄까 물었더니, 곰곰이 생각하다 나한테 뭐를 그려줄 거냐고 되레 묻는다. 그렇다면 내가 좋아하는 나비를 그려 주겠다고 했더니 기대에 찬 눈망울로 고개를 끄덕인다. 여자아이가 좋아할 만한 색깔을 섞어 거침없이 쓱쓱 나비를 그려 놓고 떨리는 마음으로 아이의 반응을 살폈다.

"와! 버땀 꼰조(너무 좋아요)."

의뢰인의 만족은 언제나 기쁘다. 아이들 모두가 생글거리며 자리를 떠난다. 한참 그림을 그리고 보니 운동장은 가면을 쓴 아이들로 가득 찼다. 어쩐지 갈수록 분장 쇼가 되는 것 같은 기분이 들긴 했지만 얼굴 가득 그려진 그림이 마냥 좋은지 그 표정을 보는 나도 덩달아 신난다.

이런 특별한 봉사활동은 살짝 밋밋한 나의 일상 속 활력소가 되어준다. 나의 평범한 하루를 최고의 특별한 날로 만들어 주는 두 선생님께 감사를!

시행착오는 현재진행형

첫 종이접기 수업을 하던 때였다. 학생들이 17살이 넘는데 이 정도 수준은 넘어도 되겠지? 이 정도쯤은 할 수 있겠지? 나의 기준으로 정한 '이 정도쯤' 난이도로 수업을 가득 채워 뒀었다. 종이를 접어 모빌을 만드는 수업을 준비했고 한국에서는 초등학생도 학을 접는다고 하니 수업이 그리 어려울 거라 생각지 않았다. 오히려 너무 빨리 수업이 끝나면 어쩌나 싶어서 다른 종이접기 도안도 여러 개 준비해 두었다. 혹시나 하는 마음에 다른 수업보다 더 빈틈 없이 준비했다. 종이접기 도안을 학생 수만큼 복사했고, 완성 예시를 만들어 놨고, 혹시나 몰라 현지어로 설명도 해주고, 그래도 또 혹시 몰라 칠판에다 종이 접는 방법을 순서대로 붙여 놨었다.

학생들에게 색종이를 나눠 주고 시범을 보이며 종이접기를 시작했다.

어, 어라! 아무도 못 한다. 아무도 그 누구도 종이를 제대로 접지 못한다.

'모빌은커녕 학 한 마리도 못 접을 것 같아.'

모서리를 맞추어 종이를 접지 못하고 이등분으로 접지도 못한다. 정전이 왔을 때도 당황하지 않던 학생들이 지금 이렇게 밝은 교실 아래서 허둥거리고 있었다. 학생들은 땀을 삐질삐질 흘리며 종이를 접다가 안되겠는지 종이를 와작 구겨 버린다. 한 명, 두 명 포기자가 속출하더니 바닥엔 내던져 버린 색종이들만 나뒹굴고 있었다.

'아, 아까운 저 종이들.'

다급하게 플랜 B를 가동시켜야 했다. 혹시나 하는 마음에 초급 수준의 튤립 접기를 준비했었는데 당장 메인과 서브를 바꿀 수밖에 없겠다. 아, 다행히 이건 학생들이 따라오는 것 같다. 튤립을 완성한 아이들을 포섭해 허둥대고 있는 아이들에게 파견을 보냈다. 마지막엔 계획대로 수업이 끝나긴 했으나 실패와 성공의 경계에 선 수업이었다. 아니, 준비한 것을 생각하면 오늘은 대 실패의 날에 더 가까울지도.

아, 종이접기에서 이렇게 식은땀을 흘릴 줄이야. 종이학 접기가 이렇게 어려운 것이었나? 나의 '이 정도쯤' 기준이 너무 높았던 건가? 언젠가 나의 이기적인 '이 정도쯤'이 학생들의 '이정도쯤'이 되기를. 난 여전히 수업 난이도 조절부터 시행착오 진행 중이다.

양초의 재발견

수업을 하면서 가장 짜릿한 순간은 학생들의 놀란 반응을 볼 때다. 너무 단조로운 수업은 나에게도 즐겁지 않다. 싱겁게 수업이 끝난 날엔 괜스레 속상하기도 하고, 뭔가 수업이 잘못된 것은 아닌가 싶어 잠이 들 때까지 기분이 썩 좋지 않았다.

재미있는 재료로 수업을 해봐야겠다고 생각했다.

에티오피아에서 누구나 가지고 있는 양초로 그림을 그려 보기로 했다. 우리가 초등학교 때, 어쩜 더 어릴 때, 한번쯤 그려 봤을 미술 놀이일 수도 있지만 에티오피아 학생들에겐 처음이었을 터, 어떤 반응을 보일지 기대됐다. 시작도 하기 전에 벌써 내 어깨는 들썩거리고 있었다.

"이게 뭘까요?"

"양초요."

"내가 왜 양초를 들고 있을까요?"

양초를 한 손에 들고 덩그러니 서있으니 학생들의 눈이 일제히 동그래졌다. 오늘은 정전도 아니고 교실도 밝고 양초는 필요 없는데, 저 선생님은 오늘 또 뭘 하려고 저러지? 이런 표정이었다. 마치 내가 어릴 때 선생님을 이해하지 못했던 마음과도 같겠지.

양초로 스케치북에 그림을 그리고 그 위에 물감을 칠하기로 했다.

처음엔 잘 따라서 그림을 그리지만 아무리 양초를 꾹꾹 눌러 봐도 아무것도 보이지 않는 탓에 아이들은 어느 샌가 마구잡이로 팔을 휘둘러 대고 있다.

"자자, 이제 그림 위에 물감을 색칠해 보세요."

"우와!"

여기저기서 작은 탄성이 빠르게 번져 나간다. 웅성거리는 소리 사이에서 까르르거리는 소리가 내 맘에 쏙 든다. 아이들은 자신들의 팔 운동이 의미 없는 것이 아니었음을 깨달은 듯했다.

"선생님 저 한 번 더 그려도 돼요?"

뭔가 모를 뿌듯한 쾌감이 느껴졌다. 아무렇게나 휘둘러 대던 낙서 대신 누군가의 집, 좋아하는 꽃, 어떤 이의 얼굴, 이전과는 다르게 각자의 정성을 다해 그림을 그려 나간다. 물감을 칠할 때마다 놀람과 웃음소리가 끊이지 않는다. 이런 양초의 변신이 꽤나 신기했나 보다. 지금까지 그들의 양초는 그저 전기를 대신해줄 빛의 역할이었으나 이제, 이들에게 양초는 새로운 그림 재료로 다시 태어나겠지.

때론 너무 흔해서, 너무 쉬워서, 수업과정에서 지워 버렸던 것들이 어쩌면 이 아이들에겐 창의력의 기반이 되는 것들일지도 모르겠다. 나의 흔함 사이에서 학생들의 신선함을 찾아내야 할 것 같다. 지금 내겐 무심코 놓치고 가버린 것들에 대한 고찰이 필요하다.

나와 너희들의 계절 사이에 있는 것

에티오피아에서 느낄 수 없는 것, 뭔가 특별한 것, 겨울이라는 계절로 수업을 만들어 보는 것도 좋을 것 같았다. 이 차가움을 어떻게 느끼게 해줘야 할까? 내게는 익숙한, 학생들에겐 생소한 겨울을 소개하고 싶었다.

“에티오피아는 항상 따뜻하지만 한국은 사계절이 있어서 1년에 아주 추운 날도 있고 아주 더운 날도 있어요.”

한국의 계절을 담은 영상을 프로젝터로 연결해 학생들과 함께 시청했다. 눈 내리는 짧은 영상이었지만 낯선 지구 반대편에서 펼쳐지는 겨울 풍경. 사라 선생님의 나라는 꽤 신기하다고 느끼는 것 같았다.

이어서 며칠 동안 꽝꽝 얼린 얼음을 학생들에게 나눠 주었다. 영상을 보는 동안 많이 녹아 버리긴 했지만 얼음을 온몸에 문지르며 겨울의 차가움을 느껴 보았다. 어떤 학생은 얼음을 만지자마자 소리를 지르기도 하고, 어떤 학생은 그 모습을 보고 배를 잡고 깔깔거리기도 한다. 얼음이 녹은 물을 튕기며 장난을 치기도 하고 얼음 위에 손 오래 올리기 대결을 하며 새빨개진 손으로 겨울을 함께 느껴 본다. 그렇게 그들과 나 사이에 공감할 수 있는 또 하나의 단어를 만들었다.

온통 여름인 이곳에서 겨울을 느끼고 나니 올해도 이렇게 지나는구나 싶다. 이렇게 차가운 나라에서 어떻게 사느냐며 깜찍한 질문을 하

는 학생도 있고 차가운 게 싫다며 에티오피아가 더 좋은 것 같다고 말하는 학생도 있고 한국에 꼭 가보고 싶다고 말하는 학생도 있었다.

언젠가 한국에서 너희들과 함께 이야기할 수 있는 날이 오면 좋겠다. 진심으로.

1월의 크리스마스

곧 있으면 에티오피아의 크리스마스인 1월 7일이 된다. 크리스마스가 1월이라니. 생소하고 낯선 느낌은 이곳에 온 모든 이방인의 몫이다. 크리스마스가 되면 멀리 떨어져 있던 가족들이 한데 모여 맛있는 음식을 먹으며 평소에 자주 먹지 못하는 특별한 음식들과 함께 슈로, 도로워뜨, 까이워뜨, 뜹스, 각종 야채를 이용한 맛있는 음식들이 푸짐하게 식탁 위로 오르게 될 것이다. 날짜야 어쨌든 날씨가 뭐랬든 사랑하는 사람들과 함께할 수 있다면 충분한 크리스마스의 조건이 완성된 것이 아닐까.

우리 반엔 학업을 위해 가족과 떨어져 사는 학생들이 많이 있어서 크리스마스카드를 만들어 보기로 했다. 하얀 도화지를 작게 잘라 아이들에게 나눠 주면 알록달록한 크레파스로, 색연필로 각자의 실력을 맘껏 뽐낸 크리스마스카드를 디자인한다. 대부분은 크리스마스트리를 그리지만 수업 시간에 봤던 눈송이를 그리거나 가족을 그리는 아이들도 있었다. 그림을 천천히 둘러보니 크리스마스트리가 인제라를 담는 바구니와 꽤 닮은 것 같기도 하다. 내가 에티오피아에서 오랫동안 지내긴 했나 보다. 크리스마스트리를 인제라 바구니로 생각하다니 헛헛한 웃음이 절로 나온다.

아이들의 표정은 사뭇 진지하다. 아마 이 카드에 그들의 진심을 담

아 가족에게 전하기 위함이겠지. 빨간색, 노란색, 초록색, 좋아하는 색으로 그들의 사랑을 가득 채운 이 카드는 며칠 뒤에 가족에게 전달될 것이다. 지금의 감정이 글로 남아 평생의 기억이 되고 되돌려볼 수 있는 확실한 추억의 증명이 되겠지.

언제까지나 이들의 크리스마스카드가 식지 않은 사랑의 온기를 머금을 수 있기를.

눈 내리는 에티오피아

구름이 잔뜩 껴있는 회백색 하늘을 쳐다보다가 장갑과 목도리를 둘러매고 집을 나섰다. 차갑고 매서운 바람이 분다. 얼굴은 금세 차가워지고, 말을 할 때마다 자꾸만 하얀 입김이 나와서 장갑을 낀 손으로 빨갛게 얼어 버린 얼굴을 가려 본다. 그사이 머리카락 위로 뭔가가 살포시 내려앉는다. 가볍게 머리를 털어 보니 후드득 떨어지는 게 눈송이구나. 아이스크림을 깨물 듯 뽀드득거리는 소리가 청량하다.

지금 꿈을 꾸는 걸까. 아니아니 이건 실제 일어나는 일이 아니다. 나의 상상이다. 에티오피아로 온 후 겨울의 계절이 되면 단단한 추위를 상상하곤 한다. 겨울이 그립거나 더위가 싫거나 한국으로 돌아가고 싶어서가 아니라, 1년 내내 한결같이 따뜻한 날씨 속에서 끝과 시작의 경계를 모호하게 만들어 버릴까 봐, 새로운 해가 주는 설렘과 아쉬움 사이의 기묘한 감정조차 무뎌질까 봐, 나는 지금 이렇게나 애를 쓰는 중이다.

에티오피아로 돌아온 후, 어제가 오늘 같고 또 내일도 오늘 같을 에티오피아의 생활이 어느덧 1년이라는 반환점에 나를 데려다 놓았다. 내게 약속했던 1년, 지겨워지면 뒤도 돌아보지 않고 떠나 버리겠다던 그 차갑던 마음이 흐르는 시간 동안 녹아 버렸다. 미움으로 가득 차 사람을 증오하던 그때의 내 마음도 이젠 겨울이 아니다. 이제 이곳에서 떠날 이유보다 남을 이유들이 더 많이 솟아나고 있다. 에티오피아가 낯섦에서 익숙함으로 변하듯, 익숙해져 가는 따뜻한 사람들이 미움과 고통을 쫓아 버린다. 잔잔하게 깔리는 쓸쓸함과 불시에 나타나는 고독함은 도저히 막을 재주가 없지만 그럼에도 불구하고 살아간다.

수업 이외의 것들이 나를 폭풍처럼 흔들기도 했지만 그 폭풍이 지나니 선명하고 아름다운 무지개가 떠있다. 지나치게 바닥을 찍어 버린 탓에 무슨 일이 닥치더라도 이젠 웬만하면 포기하고 싶다는 마음까지 닿지 않는다.

나는 한국으로 돌아가지 않기로 했다.

나의 마음엔 맑은 하늘, 무지개, 그리고 반짝거리는 학생들이 남았다. 병원 침대에 누워 다시 에티오피아로 돌아가야 할지 고민에 빠져 있던 그때와 달리 1년이 지난 시점에서 나의 결론은 너무 싱겁게 결정 나버린다. 내가 이곳에서 이겨 내고자 몸부림치던 고비들을 이제야 겨우 제대로 넘은 것 같다. 불행의 함정은 여전히 차갑게 도사리고 있을 테고 난 또 언제 비틀거릴지도 모르지만 이제 시련을 만나면 유연한 마음가짐으로 대적해 보려 한다.

두 번째 아프리카의 겨울을 보내며, 노곤해진 몸과 마음을 깨워 새로 시작할 에너지를 충전해야겠다.

꼬질꼬질 단수 시대

단수가 찾아오면 정전보다 준비를 더 철저하게 해둬야 한다. 다른 지역에 사는 단원은 벌써 한 달째 단수라 근처 호텔에 가서 돈을 주고 씻고 있는 지경이고 어떤 단원들은 빗물을 받아쓰기도 했단다. 그런 단원들에 비해선 불편하다고 말하기도 민망할 정도지만 내가 사는 동네에도 간혹 단수가 일어나곤 했다.

"사라, 다음 주부터 단수가 시작된대."

"음, 이사이야스 단수를 준비해야겠어."

단수를 대비해 평소에 모아 두었던 빈 생수통을 거실에서 잔뜩 들고 나왔다. 이사이야스가 물을 가득 담아 내게 전달하면 나는 오늘 날짜를 적는다. 나는 머리카락이 길어서 머리를 한 번 감을 때마다 생수 한 통은 너끈히 필요했기 때문에 넉넉하게 물을 받아 놓지 않으면 언제 거지꼴로 변하게 될지 모른다. 평소 우리가 샤워기로 내려쓰는 물이 1분에 12리터나 된다고 하는데 단수가 되면 수도꼭지에 맺혀 있는 물 한 방울이 아쉬워진다.

얼굴이나 손발은 물 티슈나 화장 티슈로 닦아준 뒤 대야에 물을 받아 비누칠을 하고 얼굴, 손, 발 순서로 헹군다. 마지막으로 깨끗한 물을 바가지에 담아 손에서 높이 떨어진 곳에서 물줄기를 가늘게 만들어 떨어트리며 2차로 헹궈 준다. 보통 이 과정은 두 명이 하면 쉬운데

물줄기가 가늘수록 고수의 기술이라 할 수 있겠다.

대야에 물을 담아 샴푸를 풀어 머리를 감으면 물을 많이 사용하지 않고도 개운하게 머리를 감을 수 있는데 기분 탓인지 단수가 올 때마다 내 머리카락은 왠지 평소보다 더 윤기가 나는 것 같기도 하다. 아마도 제대로 못 씻은 탓에 머릿기름이 윤활유 역할을 해서 머릿결이 좋아지는 것 같은 착각이 들 수도 있다.

에라, 뭐 조금 꼬질꼬질하면 어때. 난 그저 열심히 이 나라에 적응한 결과물이라 말할 테다!

단수가 일주일이 넘어가던 새벽 서너 시쯤 반쯤 열어 놓은 수도꼭지 사이로 졸졸졸 흐르는 물소리에 눈이 번쩍 뜨였다. 반사적으로 허겁지겁 물통을 들고 마당으로 뛰쳐나가 한참 물을 받았다. 기습적인 찰나에 물이 흐르기 때문에 내 감각은 항상 예민하게 깨어 있었고 밤에도 당연히 제대로 잠들 수 없었다.

단수 기간이 점점 길어지자 준비해둔 물이 바닥을 보이기 시작했다. 모래먼지와 땀으로 범벅이 된 몸을 씻어야 했는데 참다 참다 결국 먹어야 할 생수에 손을 대기 시작했다. 그런데 그마저도 버텨낼 수 없게 되자 결국 단수에 두 손 두 발을 들었고 단수가 되지 않은 다른 동네 단원의 집을 전전하며 샤워를 하러 다닐 수밖에 없었다.

길고긴 2주가 지나서야 단수는 끝이 났고, 쉽게 극복할 수 있을 줄 알았던 단수의 위력은 실로 대단했다. 어쩜, 정말 무서운 건 정전이 아니라 단수일지도 모르겠다.

단수든 정전이든 이곳에선 만만하게 볼 수 있는 게 하나도 없다.

찬연한 식탁

"음, 불고기는 이 정도면 됐고, 미역국도 이 정도 양이면 될 거 같고, 잡채도 만들 수 있겠다."

혼자서 대충 6인분 정도의 양을 가늠해 본다. 불고기거리는 집 앞 정육점에서 소고기를 넉넉히 사두었고, 미역국에 넣을 미역은 한국에서 받은 걸로 잘게 잘라 두었고, 잡채에 쓸 당면도 함께 따뜻한 물에 불려 두었다. 내가 이렇게 한국 음식 만들기에 이렇게 열중하고 있는 이유는 곧 우리 집에 방문할 게타훈 선생님 가족에게 저녁을 대접하기 위해서였다.

현지적응훈련을 받을 때 현지인을 집에 들이는 것은 위험하다고 만류하는 분위기지만, 게타훈 선생님에게까지 그런 벽을 치고 싶진 않았다. 그간 명절 때마다 나를 가족처럼 챙겨 주던 게타훈 선생님에게 언젠가 보답해야겠다고 생각했었는데 마음을 표현하기 가장 좋은 건 정성이라는 생각에 한국식 저녁식사를 준비한 것이었다.

게타훈 선생님은 귀여운 딸을 양쪽에 데리고 등장한다. 선생님은 가족과 친구 한 명을 더 데리고 오셨다. 이분도 우리 학교 선생님이라는데 이렇게 뵙는 건 처음인 것 같다. 이름은 그르마 선생님이라고 했다. 인자하게 내게 인사하는 모습이 마치 예전부터 알고 있던 사이 같이 친근함이 들었다. 이야기를 나누면서 기억을 더듬어 보니 일전에 페이스페인팅 봉사활동을 갔을 때 그르마 선생님도 계셨었다. 아차! 그날 내가 잘 모르는 사람들이 몇 명인가 있었는데 선생님도 거기 계셨었구나. 먼저 생각해 내지 못해 조금 머쓱해졌다.

정성이 가득한 식사를 그들에게 대접한다. 한국 음식을 소개하고 싶었기에 한국에서 받은 김과 서툰 솜씨로 만든 김치도 함께 식탁에 올려놓았다. 빨갛게 생긴 김치와 김을 보더니 다들 주춤거린다. 그르마 선생님은 신기한 한국식 상차림에 궁금한 게 많은 것 같았다. 김치를 보더니 매운 거냐며 어떻게 먹는 거냐고 이리저리 둘러보기만 한다. 김을 보고선 한국 사람은 어떻게 이런 종이를 먹느냐고 심각한 표정으로 묻는다.

그들에겐 한국 음식에 대한 설명도 한참 필요했다. 바다가 없는 나라에 살고 있으니 미끌미끌한 미역과 종이 같아 보이는 김은 이 사람들에게 낯설고 이상하다 생각했을 터이다.

오늘은 완전한 한국식 저녁이므로 밥도 숟가락으로, 반찬도 젓가락으로 먹을 수 있도록 준비했다. 그르마 선생님은 자꾸만 젓가락을 식탁 위로 떨어트린다. 두툼한 손가락 사이에 연필 같은 젓가락 두 개로 반찬을 집으려니 어색한 모양이다. 게타훈 선생님과 부인은 손가락 사이로 젓가락을 이리저리 움직여 보더니 이내 어렵지 않게 음식을 집어 먹기 시작했다. 특히 아이들은 김을 어찌나 잘 먹는지, 짜지도 않은지 코와 볼을 가릴 것 없이 김가루를 가득 묻히고 우물거리고 있었다. 이내 젓가락질에 익숙해진 그르마 선생님과 게타훈 선생님의 가족들은 음식을 남기지 않고 싹 비운다. 엄마가 가족들 밥 잘 먹는 모습 보면 이런 마음일까. 이렇게 잘 드실 줄 알았으면 음식을 좀 더 준비해둘 걸 하는 아쉬움이 남기도 했다.

생각보다 잘 먹는 모습을 보니 오늘 초대가 헛되지 않은 것 같아 기쁘다. 후식으로 준비한 누룽지까지 마시고 나면 모든 식사가 끝이 난다. 돌아가는 그들에게 김 한 봉지씩 선물로 챙겨 주고, 그간의 감사를 전했다. 나 혼자였다면 별 것 아니었을 흔한 식사 시간이 모두와 함께하니 행복한 시간으로 변했다.

벼룩대첩

잠을 설친 것도 아닌데 몸을 뒤척인다. 기분 나쁜 가려움이 온몸에 전해져 온다.

'아씨, 또 벼룩한테 물렸네.'

하나, 둘, 셋, 넷, 다섯… 여덟… 아홉…

숫자를 세다가 피식하고 어이없는 웃음이 나온다. 오늘은 또 몇 개째인 건지 어림짐작으로 해도 열 개는 넘어 보인다.

전쟁의 서막이 올랐다. 벌떡 일어나 이불을 걷어 내고, 두 개의 눈이 하나가 될 듯이 집중해 침대 위를 샅샅이 훑어보다 이내 흐르는 시간이 아까워 그만뒀다. 에라, 모르겠다. 이불을 냅다 집어 들고서 욕조에다 집어 던져 버렸다. 이불이 잠길 만큼 물을 가득 채우고서 입고 있던 잠옷도 몽땅 그 속에 담가 버린다.

'아, 당분간 이불 못 덮겠네.'

이불은 포기했지만 벼룩 걱정은 안 해도 되니, 일단 오늘밤 잠은 편하게 잘 수 있겠다.

이 작은 녀석은 장소를 불문하고 어디서든 호시탐탐 나를 노리고 있었다. 속담으로나 만날 수 있었던 이 작디작은 벼룩들은 오로라 공주가 물레에 찔려 죽을 것이라 저주를 퍼붓던 말레피센트처럼 내겐 초대받지 않은 마녀와도 같았다. 깨만 한 조그마한 벼룩이 유럽 인구의 3분의 1을 죽음의 공포로 몰아넣은 흑사병 확산에 일조한 공이 있다고 하니 어찌 만만하게 보겠는가.

악몽 같은 벼룩, 그 끔찍한 기억은 한가득하다. 왜 나만 이렇게 자주 물리는 건지 도저히 알 수 없는 괘씸한 벼룩의 취향 때문에 내 피부는 썩어 버릴지도 모른다고 생각했다. 고약한 벼룩은 가시는 걸음걸음 발자국 곱게 남기며 온몸에 새빨간 폭탄을 남기고 떠난다. 재수 없게 산란기의 암컷이라도 들어오는 날이면 족히 스무 군데는 넘게 물린다.

현지어로 '꼰니짜'라고 불리는 2미리미터도 안되는 이 작은 악마가 옷 속으로 한번 들어오면 온몸을 돌아다니며 피를 빨고 그 좁쌀보다도 작은 몸뚱이를 피로 가득 채워 온몸을 초토화시킨 후에야 통통 튀어 도망을 간다. 물린 자국을 이어 그림을 그렸다면 훌륭한 추상화가 됐을지도 모르겠다.

다른 사람은 물려도 금방 가라앉거나 표시도 잘 안 나던데, 난 얇은 살갗 때문인지, 아니면 알레르기 반응 때문인지, 인생에 전혀 도움이 되지 않는 연약한 피부를 가진 탓에 벼룩에 한번 물리기라도 하면 벌에 쏘인 듯 온몸이 퉁퉁 부어올랐다. 꽃봉오리처럼 붉게 부풀어 오르던 살들은 결국 서로 엉겨 붙어 한 덩어리가 되어 버리고 만다.

이 좁쌀만 한 벼룩이 남기고 간 폭탄이 부어오르기 시작하면 정신이 아득해질 정도로 가렵기 시작하는데, 소독약을 발라 보기도 하고, 소금물에 몸을 담가 보기도 하고, 피를 쥐어짜내 보기도 하지만 가려움은 참아 내기가 힘들다. 뭔가에 홀린 듯 정신없이 긁다가 기어이 피를 보고 만다. 짓이겨진 살덩어리가 떨어져 나가고 나서야 가려움은 멈춘다. 매번 어그러진 피부를 보며 가려움을 참지 못한 것을 후회하면서도, 나는 바보 같아서 후회할 짓을 반복하고야 만다.

현지 음식을 많이 먹으면 벼룩에 물리지 않는다는 의학적으로 확인되지도 않은 속설에 의지해 한동안 인제라를 입에 달고 있기도 하고 밝은 곳에선 물리지 않는다는 말을 믿고 밤마다 불을 훤히 켜놓고 자기도 했지만, 아무리 노력해도 헛수고일 뿐이었다.

"이사이야스, 너 벼룩 알아? 나 벼룩한테 물렸는데 너무 가렵고 아파. 안 물리는 방법 없어?"

"벼룩이라고? 모기한테 물린 거 아냐?"

"아냐, 분명히 벼룩 맞아. 넌 이렇게 물린 적 없어?"

"없어. 에티오피아 사람들은 잘 안 물려. 아, 사라 너무 가엾다."

뭘까? 이 당황스러움은… 물리고도 가려움을 못 느끼는 건가 아니면 정말 잘 안 물리는 건가. 난 졸지에 현지인도 안 물리는 해충에게 습격당한 불쌍한 외국인 처지가 돼버렸다. 세상에 이런 걸로 이방인의 설움을 느낄 줄이야.

내 이불은 며칠째 물속에 담겨져 있는 상태다. 어설프게 이불을 꺼냈다가 내 몸을 통째로 빈대에게 제물로 바치긴 싫었다. 며칠이 지나 욕조에서 이불을 꺼냈고, 하얀 욕조에 남겨진 익사한 벼룩 세 마리를 확인하고 나서야 벼룩 대첩은 끝이 났다.

오가닉 에티오피아

에티오피아에서 살다 보니 피가 점점 맑아지는 기분이 든다. 여기에서 몸무게도 10킬로그램이나 빠졌다. 다이어트를 한 것도 아니고 억지로 굶은 것도 아니고 아파서 빠진 것도 아니었다. 그리고 한국에서 지긋지긋하게 달고 살던 아토피도 없어졌다. 에티오피아 오면 내가 좋아하는 튀김과 생선, 통닭, 양념갈비, 떡볶이, 김밥을 못 먹으니 영양실조에 걸릴지도 모른다고 생각했다. 아프리카는 환경이 열악하니 몸이 더 안 좋아질 거라고 걱정도 많이 했지만, 정작 여기서 살다 보니 에티오피아 음식과 과일들은 맛있었고 내 몸은 더 건강해지는 느낌이 든다. 저렴한 가격에 잘 구워진 스테이크를 사먹을 수 있고 주스 가게에선 신선한 생 오렌지 주스도 실컷 먹을 수 있다. 오렌지 주스뿐이랴. 한국에서는 비싸서 잘 사먹지 못하는 애플망고, 아보카도, 파파야, 구아바 같은 과일도 원 없이 먹을 수 있었다. 이렇게 엄청난 식욕으로 먹어 대지만 살이 찌긴커녕 군살이 빠지고 몸은 점점 건강해져 갔다.

에티오피아에서 먹을 수 있는 여러 가지 음식들 중에 테프라고 하는 곡물이 있다. 나중에 한국에서 알게 됐지만, 슈퍼푸드로 각광받고 있는, 에티오피아 주식인 인제라를 만드는 주 재료로 쓰인다. 에티오피아가 원산지이며 모든 좋은 성분은 다 품고 있지만, 곡물 자체로 먹으면 맛이 나지 않아 가루를 내서 크레페처럼 구워 먹는다. 물과 섞은 후 며칠간 발효를 해서 먹기 때문에 발효를 오래 시킬수록 맛은 시큼할 수 있지만 건강에는 매우 좋다고 한다. 마치 우리나라의 김치처럼 말이다. 막상 에티오피아에 있을 땐 그게 그렇게 좋은 음식인지 모르고 먹었는데 지나고 생각해 보니 에티오피아에서 건강했던 건 다 이유가 있었던 것 같다.

한국에서는 조미료 때문에 외식을 하기가 겁났었는데, 내가 사는 동네에서는 감자, 당근, 양파를 한데 볶아 기름기를 쫙 뺀 소고기와 같이 먹으니 하루 세끼를 이렇게 먹는다고 해도 건강식을 먹는 기분이 든다. 분명 워뜨, 슈로 같은 음식에는 기름이 많이 들어가는데도 불구하고 신기할 정도로 아토피를 만난 적이 없다. 살면서 채소를 가장 많이 먹고 기름기를 가장 적게 섭취했던 시간들이었다. 아토피 때문에 약을 먹어야 한다거나 피부에 달아오르는 열기 때문에 고통스러워하거나 죽도록 긁다가 피를 보는 일은 없었기 때문에 나의 에티오피아 생활은 또 다른 면에서 행복할 수밖에 없었다. 굳이 나의 일부분을 억지로 바꾸지 않아도 자연스럽게 찾아온 건강한 습관들이었다.

불행하게도 한국으로 돌아오니 기다렸다는 듯이 온몸에 아토피가 꼼짝 않고 찰싹 달라붙어 떨어질 생각을 안 하지만 이따금씩 온몸에 가려운 고통이 찾아올 때면 에티오피아의 유기농 밥상이 그리워진다.

ENJOY

분노 조절 실패기

'딸각!'

문을 열고 교실에 들어서자마자 불을 켰다. 아직 해가 조금씩 비치고 있지만 방학동안 한참 잠자고 있었을 교실을 깨워 본다. 천장에 아슬아슬하게 매달려 있던 형광등 사이로 불빛이 깜박거리더니 이내 꺼져 버린다. 조도가 한층 낮아진 교실, 조용한 어둠이 곳곳에 자리 잡는다. 삐뚤빼뚤한 의자, 깨져 버린 나무의자 등판, 너덜너덜한 형광등 전선, 이렇게 보고 있자니 미술실 꼴이 참 볼품없다.

지난 학기는 교실을 정비할 시간도 없이 수업을 바로 시작해 손을 쓰지 못했지만, 이대로 두면 이번 학기 수업에 지장이 올 것 같아 대대적인 전기 공사를 하기로 마음먹었다. 미술과 사무실에 올라가 전기를 고쳐줄 사람을 수소문해서 전화로 적당한 시간을 맞추어 그와 교실에서 만나기로 했다.

창문 틈에 지저분하게 매달려 있는 주인 떠난 거미줄엔 작은 벌레들이 붙어 바람에 흔들리고 있고, 바닥엔 마른 모래가 어디선가 한가득 밀려 들어와 지저분해 보인다. 교실 뒤편에서 청소 도구를 챙겨와 팔을 걷어 부치고 모래와 먼지를 쓸어 낸다. 한바탕 교실을 정리하고 보니 약속 시간이 다가오는 것 같아 수리 기사에게 전화를 했다.

"언제쯤 오세요?"

"아, 지금 갈 거니까 30분만 기다려요."

30분 후, 나타나기로 한 그가 보이지 않는다. 교실을 못 찾아서 그런가 싶어 교실 밖으로 의자를 들고 나와 기다려 본다. 집에서 가져온 책 한 권을 꺼내 읽으며 무료한 시간을 달랜다. 미술 교실 앞에 널찍하게 펼쳐져 있는 학교 실습용 텃밭이 보인다. 거긴 각종 채소와 꽃들이 가득하게 심겨져 있는데, 누가 심는지 누가 수확하는지 아직 알아내지는 못했지만, 주기적으로 성실하게 그 텃밭을 관리하는 아저씨가 있다. 오늘도 그 아저씨가 텃밭에다 열심히 물을 뿌리고 계셨다. 아저씨가 긴 호수를 들고 그 넓은 텃밭을 서너 번쯤 왕복했을 때까지도 난 여전히 수리 기사를 기다리고 있었다.

"아직 도착 안 하셨어요? 기다리고 있는데."

"아! 가고 있어요. 조금만 더 기다려 줘요."

1시간 후.

"왜 안 오세요? 오고 있는 거 맞아요?"

"아, 가다가 갑자기 일이 생겨서 지금 갈 테니까."

"또 얼마나 기다리라고요. 10분만 더 기다릴 테니까 빨리 오세요."

바람을 타고 날리는 마른 모래가 내 마음을 애태우고 있었다. 여행 속에서 기다림은 설레고 감미롭고 매력적이고 특별하다 하는데, 일상 속의 하염없는 기다림은 나른하고 심심하고 실속 없이 텅 빈 느낌이다. 에티오피아 시간 속에서 불편함 없이 잘 적응한다 싶었지만 가끔 이런 불청객들이 튀어나와 정돈된 나의 인내심을 비참하게 난도질한다.

10분 뒤, 결국 나타나지 않은 그를 뒤로하고 교실을 박차고 나왔다.

내가 나눌 수 있는 모든 인내심을 쏟아 버리고 분노로 덕지덕지 채운다. 이건 약속 시간의 어긋남도 아니고, 언어 소통의 오해도 아니었다. 그들의 일처리 우선순위에 내가 없었고, 난 그들의 기준만큼 기다리지 못했다. 1시간 10분이나 기다렸는데 얼마나 더 기다려야 한단 말인지. 이 나라에서 1시간 기다리는 건 흔해빠진 일인 걸까. 벌써 현지인과 약속에서 몇 번째 상황인지 모르겠다. 내 시간은 어디서 보상을 받아야 하며 물 건너간 전기공사를 위해 배려해야할 시간은 어디서 다시 찾아야 하는 것인가. 매번 그렇듯 짜증 섞인 혼잣말을 내뱉고 돌아서는 수밖에 없다. 넓은 텃밭의 초록 물결을 오래 봐서 그런지 시신경은 좋아진 거 같다고 애써 기다림의 의미를 만들고서 집으로 돌아와 버렸다.

언제나 그렇듯 당신의 온화한 대처

어서 견적을 내야 공사를 하든 말든 결정할 텐데 이런 속도라면 내가 귀국할 때까지 아무것도 못 하고 떠날지도 모르겠다. 귀국까지 얼마 남지 않은 시간 때문에 잔잔한 걱정이 드리운다. 전기 공사를 해줄 그 사람과 그 후 두어 번 약속이 더 취소되고 나서야 이건 나 혼자 헤쳐갈 일이 아님을 깨달았다. 학장실로 달려갔다.

학장실 앞에서 한참을 기다리고서야 학장실로 들어가는 문을 열 수 있었다. 오늘도 수북한 종이더미와 씨름하고 있던 학장님이 펜을 놓고 반갑게 맞이해 주신다.

"학장님 오늘은 중요한 일이에요."

"무슨 일이야?"

"수업할 때 교실이 어두워요. 형광등이 없거나 전선이 이상한 것도 있는 것 같고. 전기 공사를 해야겠는데 사람을 불러도 안 와요. 시간이 너무 많이 걸려서 공사비 견적 내기가 힘들어요. 교실 재정비도 하려고 하는데 좀 도와주세요."

"아 그래? 그런 거면 잠깐 기다려 봐."

학장님은 그런 예사로운 일로 뭘 그리 고민하느냐는 듯 살짝 웃어 보인다. 호주머니에 들어있던 핸드폰을 집어 들고 어딘가로 전화를 하기 시작한다. 빠른 템포의 대화들이 오고간다. 순식간에 흐르는 대화를 모두 이해하긴 어려웠지만, 알아듣기 어려운 말들은 빼고 내 이름, 교실, 전기 공사, 시간같이 가장 절실한 단어들만 내 귀에 담는다.

"사라! 10분 내로 사람이 한 명 올 거야. 그 사람을 데리고 교실로 가도록 해."

내가 찾을 땐 인기 연예인보다 만나기 어렵더니, 학장님 전화 한 통에 바로 달려오는 그들을 보며 살짝 골이 났다. 이것이 위계질서의 현실이기에 어쩔 수 없는 일이지만, 덕분에 학장님의 멋짐을 만끽할 수 있었으니 그걸로 보상받았다 치지 뭐.

10분 뒤 학장실을 찾아 온 남자와 함께 교실로 향했다. 드디어 미술 교실 대공사의 첫걸음을 뗀다.

미술 교실 대공사

사무소에 프로젝트를 신청하는 대신 내가 자체적으로 교실을 재정비해서 새로운 미술 교실을 만들어 보기로 했다. 낡은 책상도, 의자도, 서랍도 돈 들이지 않고 교실답게 탈바꿈시켜 보기로 했다. 혼자 계획을 짜고 예산도 없기 때문에 최종 지출 0원에 도전했다. 전기 공사는 학교에서 해결해 주기로 해서 전기 수리 견적을 따로 낼 필요가 없게 됐다. 전기는 해결될 것 같으니 그 외의 것들을 찾아야 했다.

쓸 만한 것들을 찾아 학교 안을 구석구석 돌아다니기 시작했다. 학생들이 모두 집중해서 수업에 따라올 수 있도록 교실 환경을 꾸미는 것이 중요했다. 그러기 위해선 제대로 앉을 수 있는 의자, 단단하고 깨끗한 책상, 칠판과 재료를 담을 서랍장도 좀 더 필요했다. 필요한 것들을 적어 두고 틈틈이 주변을 살폈다. 학기가 시작되기 전에 교실이 완성되면 좋으련만, 40개의 삐뚤삐뚤 모난 의자를 비슷한 높이와 좋은 상태로 맞추는 것은 의외로 쉽지 않았다. 교실 주변으로 학생들이 아무렇게나 내버려둔 의자들이 많았기 때문에 그런 의자 중에서 괜찮아 보이는 것들을 교실로 가져오고, 높이가 안 맞으면 다른 교실에 다시 가져다 놓길 반복했다.

옆 교실에 엘리자베스 선생님께 부탁해서 음악 교실에 남는 의자를 골라 교실로 들고 오고, 창고나 교실 근처에서 아무렇게나 널브러져

있는 의자를 발견하기라도 하면 퇴근하다가도 낑낑거리며 미술 교실로 돌아왔다.

책상은 구하기가 더 어려웠다. 전기 수리 기사에게 책상 이야기를 했더니 학교 창고에 책상이 남는 게 있는지 알아봐 주겠다고 하셨다. 아마 그 창고라는 게 학교 비품을 모아 놓는 곳인 것 같은데, 깨끗한 책상도 있고, 약간 지저분한 책상도 있어서 표면과 책상 다리를 점검하며 쓸 만한 책상을 골라내야 했다. 나 혼자 들고 오기 힘든 큰 책상은 아저씨가 주변 사람들을 불러 모아 미술 교실까지 옮겨 주기도 했다. 첫인상은 안 좋았지만 이젠 둘도 없는 나의 조력자가 되었다.

어떤 날은 꽤 근사한 것을 발견하기도 한다. 학장실에 갔더니 비품을 전부 바꾼다며 서랍장을 꺼내고 있기에 버리긴 아까운 거 같아 내가 쓰겠다며 학장님의 허락을 구했다. 나무 서랍장이 튼튼해 보이기도 하고 하얗게 색칠되어 깔끔하고 예뻐 보였다. 열쇠로 서랍을 잠글 수 있어 나중에 각종 미술 재료들을 넣어 두고 관리하면 좋겠다는 생각이 들었다. 참, 내가 봐도 정말 잘 주워 모으는구나 싶었다.

전기 공사도 몇 주에 걸쳐 끝나고 천장에 깔끔하게 붙은 모든 형광등이 눈이 시릴 만큼 밝게 켜졌다. 비가 와서 해가 비치지 않는 날도, 저녁 수업도, 밝은 형광등 아래서 수업할 수 있다니 좋아할 학생들의 모습이 눈에 선하다. 이제 내가 필요한 기본적인 건 다 갖춰 놓은 것 같다. 그토록 원하던 교실다운 교실, 사랑스런 나의 미술 교실이 완성되었다. 기쁜 마음이 사그라지기 전에 학장실로 달려가 학장님을 모셔 왔다.

"학장님 덕분에 예쁜 교실이 완성됐어요. 도와주셔서 너무 감사해요."

"오, 이게 정말 이전의 교실이랑 같은 건가?"

"네! 학장님과 학교 관계자분들 덕분에 돈도 하나도 안 들었어요!"

"사라, 정말 수고했어."

교실에 초대된 학장님은 벌어진 입을 한참 동안 다물지 못했다. 교실을 돈 하나 들이지 않고 이렇게 바꿔 놨다는 것에 감탄하셨나 보다. 내게 칭찬과 격려를 자꾸자꾸 하신다. 괜히 더 으쓱해지게.

아마도 이런 교실 만드는 것은 누구에게나 쉬운 일일 거다. 돈을 들이고 멋지게 만드느냐, 돈을 들이지 않고 멋지게 만드느냐는 개인의 생각과 역량에 달려 있겠지만, 내게 '멋지다'라는 말은 '수업에 적합하다' '실용적이다'라는 의미로 충분했다.

정갈해진 40개의 의자, 시원하게 펼쳐져 있는 책상, 벽에 걸린 대형 칠판, 벽돌과 나무판으로 만든 수제 책꽂이, 학장실에서 차출되어온 서랍장, 허전한 벽을 꾸며 주는 산과 바다 브로마이드로 교실 전체가 완전 새롭게 변해 있었다. 감격의 순간이 이렇게 내 앞에 펼쳐지는구나.

'이 기분을 느끼기 위해 그토록 버텼던가.'

어라, 왠지 이 말은 여행지에서 '아! 내가 죽기 전에 이 풍경을 보게 돼서 여한이 없다'고 과장스럽게 말하는 기분이지만, 지금은 이런 기분을 만끽해도 괜찮을 것 같다. 그래도 괜찮겠지?

미술 재료에 이어 미술 교실까지 제대로 갖춰졌다. 결국 내가 고단한 여정 중 얻게 되는 건 보람과 성취감이구나. 이 교실에서 한계 없이 성장해 나갈 아이들의 모습이 겹쳐서 더 흐뭇해졌다.

피카소 천국

나름 노하우가 쌓인 건지 이번 학기의 수업은 수월하게 진행되었다. 생각보다 학생들은 나를 잘 따라오고 있고 이사이야스의 땀이 스며 있는 현지어 대본도 빛을 발하고 있었다. 미술에 흥미를 가지고 있는 아이들 틈에서 재능을 보이는 학생도 있었다. 학생들이 완성된 그림을 줄 때마다 뒤통수를 세게 한 대 맞은 기분이다. 틀에 갇힌 정형화된 그림이 하나도 없을 뿐더러 개성이 넘치는 흥미로운 표현이 정신 못 차리게 나를 흔들어 대고 있었다.

피카소가 말했다. "모든 어린이는 예술가다. 문제는 어떻게 하면 이들이 커서도 예술가로 남을 수 있게 하느냐"라고.

내 학생들이 어린아이는 아니지만 미술을 처음 접한다는 것엔 공통적인 것 같다.

그렇다면 아프리카엔 이미 무한한 잠재력을 가진 아이들이 모여 있었던 건가. 그 옛날 바다 진흙에 잠긴 보물선을 발견한 기분이다. 그렇다면 이 아이들 안에 숨겨진 보물을 찾아 주는 것은 나의 몫일 테지. 재능을 발견할 것, 재능을 발전시켜 나갈 것, 재능을 나눌 것. 피카소는 이미 오래전 내가 해야 할 일을 명확하게 말했다. 한 장씩 채워져 가는 스케치북을 넘겨 보며 역시 에티오피아에 오기 잘했다고 수백 번 끄덕인다.

복잡한 생각 속에서 다분히 고민하고 지겹게 헤매던 시간들이 스쳐 지나간다. 때론 무모한 결단이 예상치 못한 멋진 세상으로 나를 이끌어 놓기도 한다. 감성에 취해 지금 같은 평소가 나의 일생이 되어도 좋다고 내 삶에 양해를 구해 본다.

자료집 만들기

에티오피아는 바다가 없는 내륙 국가라서 바다를 이야기할 때면 대부분의 학생은 이해를 못 하기도 한다. 학생들 대부분은 자신의 경험이 지식의 전부인 경우가 많다. 스마트폰을 가지고 다니면서 검색을 바로 할 수 있는 것도 아니고 여유로운 환경에서 여행을 다닐 수 있는 게 아니기 때문에 배움에 의존할 수밖에 없다. 하지만 배움조차 여의치 않는 아이들이 많기 때문에 어떤 가르침을 얼마나 받느냐에 따라 학생들의 지식의 양은 고무줄처럼 늘어난다.

모든 내륙 국가가 그런 건 아니지만 나의 학생들은 위에 언급한 사정으로 인해 바다 속 생물에 대해 이야기할 때면 교실이 조용해진다. 나에겐 돌고래, 상어, 해초, 열대어 같은 바다 생물이 익숙하지만 이들은 아니다.

이 아이들은 집에 텔레비전도 없고 그렇다고 누가 이들에게 다양한 자료를 주지도 않는다. 이들은 일상에서 일어나는 단편적인 것들만 관찰할 뿐이다. 과일도 자주 먹는 것에만 익숙하고 동물도 매일 보는 동물에만 익숙할 뿐 다양한 종류의 사물을 관찰하는 데 한계가 있었다. 아이들의 순수한 시선에서 보는 편견 없는 표현력은 감탄할 만했으나 기본적인 사물 스케치의 다양성엔 보완이 필요해 보였다.

이것저것 자료가 될 만한 것들을 수소문했다. 바다 생태계, 육상 생

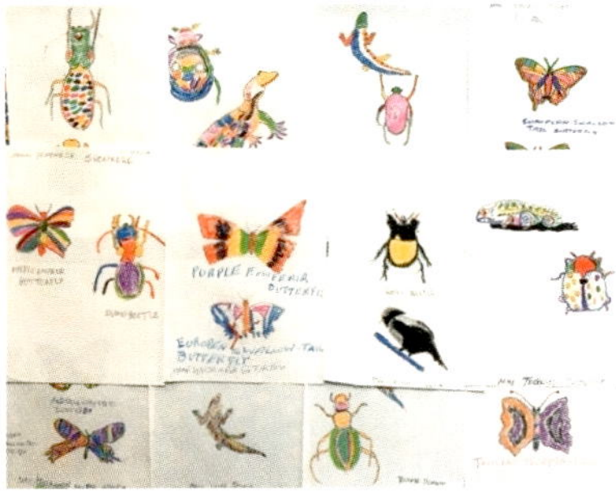

태계, 자동차, 꽃, 과일, 모든 사물을 모아 놓은 방대한 자료집이 필요하지만 에티오피아 안에서는 자료집으로 삼을 만한 책이 많지 않고 대부분 해외 서적이라 너무 비싸거나 그마저도 없는 실정이었다. 수도에서 활동을 하던 미술 단원에게 연락을 했다.

"안녕하세요. 아와사에 미술 자료가 부족한데 용사촌 초등학교에서 자료를 빌릴 수 있을까요?"

서두를 던지고 나의 예산 상황, 자료의 필요성, 시간의 촉박함 등을 알렸다. 다행히 나의 상황을 측은하게 여긴, 마음씨 좋은 미술 단원에게 자료를 빌릴 수 있었다.

용사촌 초등학교의 미술실은 내게 보물 창고 같았고, 미술 단원들의 땀과 노력이 배인 많은 작품들은 나의 귀감이 되기도 했다. 책장에 빼곡한 자료집들을 보며 언젠가 나의 학생들에게도 많은 그림 자료집을 선물하고 싶었지만, 지금은 이런 자료들을 확보해서 나눠 주는 걸로 나의 성의를 대신해야 할 것 같다. 내가 욕심껏 들 수 있는 최대한까지 책과 자료를 뽑아 들었다. 가방을 여백 없이 책으로 가득 채우고도 자료가 될 만한 것들은 종이가방에 두툼하게 넣어 양손에 들었다. 이것들을 가지고 아와사로 갈 생각을 하니 머릿속이 아찔하지만 학생들의 달라질 그림 실력을 상상하며, 눈 한번 질끈 감고 팔뚝에 힘 바짝 주는 수밖에.

수도에서 빌려온 책을 참고해서 160명분의 참고 자료집으로 만들었다. 자료를 준비하면서 든 엄청난 양의 종이와 인력은 모두 학교에서 해결했다. 오며 가며 만난 많은 선생님들과 비품 관리실 아저씨와 유인물을 교실까지 들어다 주는 착한 학생들까지 나의 조력자들이 점점 늘어나고 있었다.

나눠준 자료집은 학생들에게 인기가 많았다. 이젠 연필과 지우개 그리고 종이만 있으면 어디서든 스케치 연습을 할 수 있게 되었으니 아이들 표정에도 그림에 대한 의욕이 솟아오르는 것처럼 보였다. 물론 이건 나의 주관적인 시각일 터이지만, 학생들이 집에 돌아가서도 그림을 그리는 횟수가 늘었다고 하니 이 사실만으로도 내가 더 열심히 일해야 할 동기부여가 충분했다.

네 삶의 조각에 건배

"선생님, 저희 집에 놀러 오실래요?

"너희 집? 집이 어딘데?"

"학교 근처예요. 선생님, 지금 우리 집에 같이 가요."

B반의 반장을 맡고 있던 여학생이었다. 아이의 이름은 '아베바'이다. 볼이 통통해서 어린 티를 벗지 못한 학생이었는데, 수업이 끝나도 집에 가지 않고 종종 나와 함께 교실 청소를 하곤 했었다.

내가 가르치는 학생들이 어떤 환경에서 공부하는지 궁금하기도 했고, 해맑은 이 아이의 제안을 차마 거절할 수 없었다. 얼떨결에 그 아이의 손에 끌려 학교 근처의 좁은 골목으로 들어섰다. 출퇴근을 하며 항상 스쳐 지나왔던 길이었지만 골목 깊숙이까지 들어가기는 처음이었다.

다섯 가구는 족히 모여 사는 듯한 단층 다세대 주택이었다. 흐릿하게 흔들리는 오렌지 빛 전구 하나로 집을 근근이 밝히고 있었고 흙으로 만들어진 거친 벽면의 틈 사이로 개미들이 바삐 지나다니고 있었다. 바닥에는 탄력을 잃은 지 오래된 낡은 스펀지 매트리스와 여러 권의 공책이 널브러져 있었다. 깨진 플라스틱 접시 위에 먹다 남은 빵 부스러기가 잔뜩 담겨 있었다. 베개나 이불 같은 건 따로 없는 것 같은데, 잘 땐 어떻게 자는 걸까? 저 매트리스 위에서 자면 땅에 몸이 닿아 아플 텐데, 어두운 불빛 아래서 책을 보면 시력이 나빠질 텐데. 자꾸만 내 눈에 보이는 이 상황에 담긴 것들을 상상하게 된다. 어떻게 이런 곳에서 살 수 있을까? 평정심을 잃고 긴장을 놓치고 만다.

나 혼자 주관적으로 해석하고 무의식적으로 아베바에게 프레임을 씌우려 하고 있었다. 놀라웠던 것은 여긴 가난한 형편의 아이가 지내는 곳이 아니라 보통 형편의 학생들이 사는 집이라는 것이다. 아베바는 널브러진 옷가지와 공책을 한쪽으로 치우고 돗자리 위에 내가 앉을 자리를 만들어 준다. 놀랬던 마음을 다급하게 숨기고 흙이 잔뜩 묻어 있는 돗자리 위에 앉았다. 어떤 감정도 가미하지 않고 그저 내가 가르치는 학생들의 평균 생활 모습이 이렇다는 것을 담담하게 받아들이기로 했다. 가까스로 정신을 차리고 아베바를 바라보는 눈을 깨끗하게 닦아 낸다.

아베바는 고향 집에서 가지고 온 듯한 짐 꾸러미를 아무렇게나 옮겨 쌓아 두고 손님 대접을 위해 분주히 움직였다. 어디서 났는지 커피 잔 세트를 예쁘게 정돈해 놓고서 생두를 고루 볶아 집 안 가득 커피 향을 한껏 뿜어 냈다. 함께 커피를 마시며 그녀의 현재 고민과 미래에 이루고 싶은 많은 꿈들을 이야기했다. 아베바의 고향은 아와사에서 1시간쯤 떨어진 작은 마을이지만 학업을 위해 고향을 떠나 이곳에 방을 얻어 친구와 함께 살고 있다고 했다. 타지에서 공부를 하는 게 힘들지만 언젠가 돈을 많이 모아 가족들과 다 함께 살고 싶다며 웃었다.

"이런 환경에서 공부하는 건 많이 힘들지 않아?"

"아뇨. 그래도 전 공부할 수 있어서 행복해요."

아이의 얼굴은 밝았다.

생각해 보니 아베바는 수업을 받는 내내 한 번도 표정을 일그러트린 적이 없었다. 아베바는 항상 웃고 있었구나. 언제나 끊임없는 희망으로 살아가고 있으니 웃을 수 있었던 거구나.

이 집을 보며 아베바를 측은하게 여겼던 내가 바보 같았다. 누구도 내 잣대를 들이밀어 그들에게 기준을 세울 수 없고, 그들의 모습에 흑백필터를 끼워 슬프게 바라볼 필요도 없으며 공감하지 못하는 배려는 어리석은 짓이다. 에티오피아를 떠날 쯤엔 허락하지 않은 편견이 불쑥 찾아와도 냉정하게 거절할 수 있는 내공이 쌓여 있길 간절히 빌었다. 그리고 아베바가 나중에 꼭 가족들과 함께 살 수 있게 되길. 그녀의 이름 아베바가 꽃이듯 그녀의 세상이 언제나 아름답고 긍정적이길 빈다.

VEGETABLE
COOKING OIL

미술 재료 도난 사건

한정된 예산으로 160명분의 재료를 준비하는 것은 선생님이 조금 치사해져야 한다는 의미기도 하고, 매일 뒤죽박죽 반납된 재료의 수량을 일일이 확인하고, 그림 붓이 하나라도 없어지는 날이면 노심초사 온 교실을 헤매고 다녀야 한다는 뜻이기도 했다.

그러던 어느 날, 불미스러운 일이 벌어졌다. 수업 시간에 나눠 줬던 크레파스가 사라지고 없다.

"반장, 문 닫아. 지금부터 모두 바깥으로 나갈 수 없어."

수업을 마치고 바깥으로 나가려던 아이들은 일제히 제자리에 멈춰 섰다.

이 전에도 작은 물건들이 종종 사라지곤 했다. 연필, 지우개가 없어지는 건 기본이고 크레파스를 부러트려 숨겨 가기도 했다. 야금야금 눈에 보이지 않게 조금씩 물건이 사라지고 있었다. 누군가는 굳이 아이들에게 이런 일로 쪼잔하게 닦달할 필요 있느냐고 말할 수도 있지만 이 아이들에겐 규범의 습관화가 필요했다. 예사롭게 내버려 뒀다가 '이런 작은 도둑질쯤'이 되어 버리면 어떡해? 나는 이 도벽을 방관한 책임에서 온전히 자유로울 수 없을 것이다.

수업 시작을 알리는 주문처럼 매 시간마다 학생들에게 말한다.

"재료가 많지 않아서 다른 반 학생들도 함께 써야 해. 그러니 재료를 낭비하고 함부로 쓴다면 다른 친구들은 이 재료들을 사용하지 못할 거야. 재료가 없어지면 수업을 못 하게 돼. 그러니 부디 재료를 소중하게 사용해 줘."

규칙을 정해 두고 조장과 반장까지 뽑아 매 시간 철저하게 재료를 관리했다고 생각했지만 결국 도난 사건이 일어난 것이다.

"재료들 다 찾을 때까지 아무도 못 나가. 만약 오늘 재료를 찾지 못한다면 선생님은 오늘 수업이 마지막이 되는 거야. 이제 한국으로 돌아가야 하는데 그래도 좋아?"

말을 던져 놓고도 이런 말을 한다고 크레파스가 찾아질지 반신반의한다. 그런데 아이들이 술렁거리기 시작했다.

"선생님이 떠나시면 안 돼! 빨리 찾아. 누가 가져갔어?"

한참 웅성거리는 소리가 이어지는 것 같더니 갑자기 아이들이 뒤쪽으로 고개를 돌린다. 뭔지 모를 물건이 아이들의 손에서 손으로 전달되고 있었다. 몇 번을 그렇게 파도를 타듯이 넘실거리더니 두세 개의 크레파스가 내 손에 도착했다. 생각보다 빠르게 조금 당황스러운 방식으로 크레파스가 내게 나타났다. 겁먹은 아이들이 창밖으로 던져 버린 나머지 크레파스까지 모두 회수됐다.

내 손에 들린 조그만 몽당 크레파스를 꽉 쥐었다. 이 짜리몽땅 크레파스가 뭐라고 이게 그렇게 갖고 싶었을까? 아직도 이 아이들이 크레파스를 가져간 이유를 모른다면 그건 내 잘못인 걸까? 그림에 대한 지나친 의욕 때문에 일어난 일이라면 난 어떻게 이해하면 좋지? 여전히 미숙한 나의 관점으로는 아이들을 다그칠 수가 없겠구나.

"이렇게 크레파스를 찾아서 다행이야. 나는 너희들에게 누가 가져

갔는지 묻지 않겠어. 앞으론 다른 사람과 함께 쓸 수 있도록 모든 재료들을 제자리에 돌려주면 좋겠어. 재료가 없으면 다른 반 수업을 할 수 없어. 또 이런 일이 생긴다면 난 너희들에게 실망한 채 이 나라를 떠나게 될 거야. 너희들이 나를 한국으로 보내려 하지 않았으면 좋겠어."

진심을 다해 아이들을 설득했다. 아이들이 우르르 몰려 나가고 나니 안타까운 작은 한숨이 샌다.

다음 날, 교실로 들어서자 창문 틈 바닥으로 가위와 연필, 색종이들이 어지럽게 흩어져 있었다. 도둑이 들었나 싶어서 재료가 담긴 서랍장을 열어 재료들을 확인했지만 다행히 재료는 어제 정리해둔 그대로였다. 이게 무슨 일인가 싶어 곰곰이 생각을 해보았다. 아마 어제 있었던 일이 아이들 사이에 소문이 났나 보다. 나를 한국으로 보내고 싶지 않았던 모양인지 양심의 가책을 느낀 아이들이 이렇게 귀여운 방법으로 자백을 한 것이었다. 그날 이후 학생들이 원 없이 그림을 그릴 수 있게 주말에도 특별수업을 개설했다. 미술에 관심 있는 학생들이 찾아오는 거라서 난이도가 있는 수업을 준비해서 수업을 꾸려갔다.

나의 진심이 통한 건지 모르겠지만 이 사건 이후 재료 도난이 다시는 일어나지 않았다는 해피엔딩으로 이야기를 마친다.

GOOD House
BAll

ACTE-AcS-124-46-126
28
ACTE-Acs-124-46-127
ACTE-Aes-124-46-101
ACTE-AcS-124-46-107
20

소매치기 소굴 가운데 서있다면

수업에 필요한 재료를 구매하기 위해 며칠 전부터 수도에 머무르고 있었다. 수도는 번화하고 복잡하기 때문에 많은 돈을 가지고 있는 날엔 온몸이 예민해질 수밖에 없다. 내가 서있는 곳은 정류장이 아닌데 내 앞에 미니버스가 한 대 멈춰 선다. 어디로 가느냐고 묻는 버스 차장에게 '볼레'라고 했더니 고갯짓을 하며 볼레에 간다며 빨리 타라고 한다. 그런데 한참을 달리던 미니버스가 갑자기 멈춰 선다.

"내려!"

"어? 나 여기서 내리는 거 아닌데?"

"볼레 안 가니까 빨리 내려!"

"방금 전엔 간다고 했잖아?"

"안 간다고. 내려!"

그렇게 나는 황당하게도 길거리에 내버려졌다. 멀어지는 버스 창문 너머로 버스차장의 일그러진 표정을 보니, 내가 왜 버려졌는지 이유를 알 것 같았다.

'으흥, 실패했구나?'

다른 버스를 타기 위해 걷기 시작했다.

이곳이 어딘지는 모르겠지만 콧노래를 흥얼거리는 건 왠지 모를 승리감에 취했기 때문이다.

5분 전, 여느 버스랑 다를 것 없었다. 시끄러운 현지 음악소리가 흘러나왔고 내가 좋아하는 맨 앞자리에 앉아 풍경을 감상하고 있었다. 내 왼쪽 편에 앉은 남자는 덩치가 컸고 가죽점퍼를 입고 있어서 꽤나 움직임이 불편해 보였다. 얼마쯤 갔을까? 왼쪽에 앉은 남자가 자기 점퍼 주머니를 한참을 뒤적거리더니 나에게 말을 건다.

"시계가 안 보여서 그러는데 너 시계 있니?"

"아니, 나 시계 없어."

그날따라 핸드폰을 가방 깊숙이 넣고 버스를 탔고 옆 사람과 몸이 밀착된 채 목적지까지 가야 하기 때문에 그 좁은 공간에서 핸드폰을 빼서 시간을 확인해줄 만큼 내 몸은 친절을 허락하지 않았다. 조금 미안해지려던 찰나에 남자가 내게 한 번 더 물어본다.

"너 핸드폰 없어? 지금 몇 신지 몰라?"

"미안해. 지금 핸드폰이 어디 있는지 모르겠어."

나는 그 사람이 왜 그런 질문을 했는지 잠시 생각했지만 이해할 수 없는 상황이라 티 나지 않게 내 가방을 꼭 움켜쥐었다. 그때였다. 가죽점퍼 남자는 운전기사와 버스 차장에게 뭔가 빠르게 이야기를 하더니 난 그대로 길거리에 버려졌다.

나에겐 벌써 두 번째 일어나는 일이었다. 프로젝트 버스라고 불리는 범죄 수법의 한 형태인데 할머니, 젊은 여자, 아저씨 등 빼곡하지도 않고 텅 비지도 않은 그런 정도의 인원이 자리를 차지하고 있다. 아무도 범죄 단체라 생각하지 못할 그런 평범한 조합의 나쁜 사람들이었다. 그들은 시간을 물어보는 척하며 핸드폰을 소매치기할 계획이었으나 예상 외로 내가 방어적으로 나오자 나를 버리고 다른 목표를 찾으러 가버린 것 같았다. 소매치기 버스를 경험하고 나니 붐비는 곳에서 나와 닿는 모든 사람을 의심하고 예민하게 반응했다. 원치 않는 친절에 불신하고 차갑게 그들을 잘라 낸다. 생활 속에서 매 순간 누굴 의심해야 한다는 게 속상했지만 이렇게 애처로운 마음을 표현하는 것도 사치였던가. 그 이후로도 수도, 지방 가릴 것 없이 소매치기를 몇 번 더 당했다. 지금까지 카메라 1대와 휴대폰 6대, 지갑 몇 개가 사라진 것 같다. 처음엔 너무 화가 났었는데 여섯 번째 핸드폰이 없어졌을 즈음엔 작은 탄식을 내뱉는 정도로 속상한 마음이 정리된다. 화를 내봤자 어차피 없어진 건 찾지 못한다는 걸 알게 됐기 때문에 전화기는 찾을 생각도 하지 않게 된다. 이젠 소매치기를 당하는 것도 점점 무뎌지고 있는 걸까. 다시 핸드폰을 사고 전화국에서 심카드를 사는 일에 무감각해진다. 일상 속에서 가난이라는 이름하에 용서하기 힘든 범죄들이 너무 흔하게 일어나고 있었다.

캔들 케이스 수업

알록달록 예쁘게도 반짝이고 있다. 까만 어둠속 가녀리게 흔들리는 촛불 너머로 오색 빛깔이 아름답게 일렁인다. 촛불만의 아늑한 감성이 느껴지고 경건해지기도 한다. 정전이 된 것도 아니고, 형광등이 고장 난 것도 아닌데, 교실 안의 촛불이 하나둘 늘어난다.

지금은 캔들 케이스 만들기 수업을 하고 있는 중이다. 심심하고 단조로운 색의 초를 매일 켜고 있는 것도 지루할지 모르니 촛불에 다양한 색을 입혀 보는 건 어떨까 생각해 봤다. 덤으로 불빛에 그들의 꿈을 가득 실어서 말이다. 투명한 페트병이나 투명한 종이 위에 사인펜으로 그림을 그린다. 가족을 그리기도 자동차를 그리기도 바자지를 그리기도 한다. 왜 바자지를 그리느냐고 물으니 나중에 바자지 기사가 되어 돈을 많이 벌고 싶다나. 준비해둔 스테인 글라스 물감으로 그림 사이를 빈틈없이 빽빽하게 채운다. 느지막한 어둠이 깔릴 때까지도 그 누구 하나 소홀하지 않는다.

왠지 요즘은 학생들이 그림 그리는 모습을 보기만 해도 마음이 아려 온다. 그들과의 1분 1초가 애틋해서일까. 수업 시간이 이미 1시간이나 지났지만 학생들을 재촉하지 않고 있다. 오랜 시간 후 그림을 완성시킨 아이들에게 미리 구멍을 뚫어 놓은 속싸개를 나눠 주면 수업이 끝난다.

촛불을 켜고 그들의 그림을 씌워 보았다. 완벽하진 않지만 이곳에서 구할 수 있는 익숙한 재료들로 그들이 가장 가까이서 즐길 수 있는 것을 선물하고 싶었다. 어스름한 교실 안으로 오렌지 빛은 이미 온데간데없고, 찬란한 빛깔이 출구 없는 공간 안에서 서로를 끌어안고 있다. 그들의 다채로운 꿈들이 불빛을 통해 달콤하게 빛나고 있었다.

아이들은 공을 들여 만든 자기 작품이 꽤 마음에 들었던 모양이다. 누구 하나 버리는 사람 없이 케이스를 챙겨 신나게 집으로 돌아간다. 내 맘도 모르는 천진난만한 아이들을 바라보며, 오늘 넘쳐 버린 수업 시간만큼 애써 숨기고 있던 떠나기 싫은 마음에 대한 미련도 터져 버렸다.

다가오는 이별의 시간

빨리 한국으로 떠나고 싶다. 한국에서 가족도 만나고, 빨간 국물 떡볶이도 먹고, 요즘 인기 있는 영화도 보러 다니고, 맨발로 거실을 걷다가 늘어지게 방바닥을 굴러다니고 싶다. 벼룩이랑 지독한 모기, 바퀴벌레 가득한 지긋지긋한 아프리카 따위 미련 없이 떠나고 싶다. 아니 아니야. 아직도 교실엔 미술 재료가 많이 남아 있잖아. 아차, 물감도 새로 주문한 게 이번에 온다 그랬는데 관리는 누가 해? 남아 있는 스케치북도 채우려면 아직 멀었고, 요즘 보니 종이접기의 재미에 빠져 있던데, 주말반이랑 취미반 수업도 내가 해줘야 한다고.

떠나고 싶은 이유와 애써 떠나지 않을 이유를 나열하는 중이다. 심판도 없는 결승전을 치르느라 요즘은 온종일 이 생각뿐이다. 휘몰아치던 격동의 적응기를 견뎌 냈더니 어느 덧 귀국일이 다가오고 있었다. 육체적인 피로와 정신적인 피곤을 반복적으로 헤쳐 나가다 보니 어느새 에티오피아는 나에게 애증의 나라가 되어 있었다. 쌓아 올린 시간만큼 추억은 아름답게 미화되고 있었다.

조금만 견디자고 하더니 이제 정말 2년의 고지가 얼마 남지 않았다. 동기 단원들은 저마다의 방법으로 귀국을 준비하고 있었지만, 왠지 나는 준비된 반밖에 쏟아붓지 못했다는 생각 때문에 후련함보단 아쉬움이 더 크게 남는 것 같다.

몇 개월 남지 않은 학기 중간, 여전히 갈피를 잡지 못하는 여러 감정에 휩싸여 있었다. 이 학기를 마지막으로 에티오피아를 떠나게 될 거라 생각하니 아이들의 또랑또랑한 눈망울이 애잔하게 다가온다.

스케치 수업을 하면 매일 염소, 개, 꽃 같은 것만 그리던 아이들이 이제는 공작새, 호랑이, 포클레인, 돌고래 같은 것도 그릴 줄 알게 되었다. 히비스커스만 그리던 학생들이 장미, 수국, 해바라기를 그린다. 나눠준 자료집을 통해 다양한 사물의 스케치를 하고 색을 조합하는 방법을 연습하면서 학생들이 생각하는 것을 구체적으로 표현하기 시작한다. 이건 아주 작은 것 같으면서도 아주 큰 변화고 아주 쉬운 것 같으면서도 아주 어려운 발전이다. 서서히 커져 가는 아이들의 세상이 대견하다. 더 큰 세상을 알려 주고 싶지만 얼마 남지 남은 시간이 야속하기만 하다. 이번엔 어떤 감정 하나를 지워 내야 할까? 다시 생각이 많아지는 요즘이다.

떠날 것인가? 떠나지 않을 것인가? 끝내 어떤 마음이 웃게 될까?

어떤 마음의 승리

상인은 상인의 일을, 주부는 주부의 일을, 아버지는 아버지의 일을, 길거리에 나와 복권이나 껌을 팔며 가난과 싸우는 아이들조차 자기의 위치에서 열심히 살아가고 있다. 멋지게 표현하기는 어렵지만 교실 문을 열고 들어서는 나의 학생들도 자기 자리에서 불안한 오늘을 고민하고 더 나은 내일을 꿈꾸고 있겠지. 그렇다면 내가 생각하는 좀 더 나은 내일이란 무엇일까?

내내 마음이 갑갑했던 것은 학기가 남은 채로 학생들을 두고 떠나는 것이었다. 연장을 하면 동기마저 모두 떠날 이곳에서 혼자 헤쳐나갈 수 있을까 생각하면서도 고작 두 학기 만에 귀국길에 오르려니 그것도 쉽사리 발이 떨어지지 않는다. 이대로 한국으로 돌아간다면 상당한 시간을 후회로 낭비할 것만 같다.

이 아이들이 어른이 되고 자식을 낳고 꽤 오랜 시간이 지나서도 이들의 17살 한 해는 이름도 가물가물한 어떤 외국인 선생님과 꽤 많이 행복했었다고 기억해 준다면, 단지 그것만으로 내 인생은 충분한 보상이 될 텐데 말이야. 이들과 언젠가 다시 만날 수 있을까? 모호하고 옅어지는 확신 때문에 자꾸 마음을 떼어 내기가 힘들다. 아이들이 조금씩 꿈을 꾸기 시작했는데, 길들여 놓고 떠나 버린다니, 바라보게 해 놓고 냉정하게 이별하자 하다니, 그럴 거면 처음부터 정을 주는 건 반

칙이다.

그냥 미래에서 후회할 시간들을 앞당겨 쾌감으로 덮어 쓰기를 해버려야겠다. 약간 걸음을 재촉하고, 조금 덜 자고, 게으름을 다이어트해야지. 이 정도 노력이면 6개월쯤은 이곳에 더 머물러도 내 인생에게 죄책감은 덜어낼 수 있지 않을까?

내 마음 속에서 에티오피아를 애써 떠나지 않을 이유가 승리한 듯하다. 드디어 나를 괴롭히던 권태로운 고민에서 해방됐다. 에티오피아의 긴긴 우기가 찾아오기 전 맑디맑은 어느 날 나의 고민은 끝이 난다.

남겨지는 이를 위한 위로

8월의 어느 날, 이곳에 첫발을 내딛던 그날처럼 나와 동기들은 다시 한자리에 모였다. 아무것도 모르고 입국했던 머나먼 땅 아프리카에서 두 달간 시작을 함께했던 우리가 일주일간 마지막을 함께한다. 답답한 내 마음을 명쾌하게 설명해 주던 이들, 갈피를 잡지 못하던 망설임을 내쫓을 수 있게 힘써 주던 이들, 비련의 여주인공이라도 된 것처럼 혼자 궁상맞게 힘들던 순간마다 의지했던 고마웠던 나의 버팀목들이 곧 떠난다.

2년간 울고 웃고 화내고 위로받고, 어쩌면 가족보다 더 가까운 곳에 있던 동기들에게 그동안 노고에 박수를 보내며 마지막 만찬을 끝으로 생기 넘칠 각자의 미래를 응원했다. 출국 전 마지막으로 다함께 맛있는 곳을 찾아다니며 외식도 하고, 각자의 파견지에서 가져온 특산품을 교환하기도 하고 지인에게 줄 선물을 사러 가기도 했다. 출국하는 날까지 남아 있는 단원들의 송별회도 이어지고 사무실에서 행정적 절차도 마무리하니 쏜살같이 일주일이 지난다.

임무를 마치고 돌아가는 심정이 어떠냐고 물어보니, 한결같이 시원섭섭하다고 말했다. 어서 빨리 이곳을 떠나고 싶은 마음이 크지만 항상 그리울 것 같다고 말이다. 출국장 안으로 멀어져 가는 그들의 뒷모습을 보니 하염없이 눈물이 난다. 옆에 있던 단원들이 이렇게 울

거면 연장을 왜 했느냐며 애정 넘치는 핀잔으로 분위기를 전환시켜 보지만, 동기를 보내는 아쉬운 마음은 사그라질 기색이 없다. 그들과 함께했던 다시 돌아올 수 없는 시간들이 모두 봄같이 기억될 것 같다. 나는 떠나는 날이 오면 어떤 기분으로 이 공항에 오게 될까? 예사롭게 배웅할 수 있을 것 같았는데 뭐든 쉬운 이별은 없나 보다.

그들이 떠난 후, 잿빛 하늘의 어느 하루, 떠나 버린 사람들을 대신해 꽃잎 같은 빗방울이 나를 껴안는다. 흐느낌을 대신해 그들과 함께했던 추억을 여민다. 큰 이별 뒤에도 또 다른 크고 작은 이별들이 나를 기다리고 있기에, 아마도 나의 연장된 6개월은 각각의 헤어짐을 포장하는 시간들로 분주해질 것 같다.

4

+30(902)

허기진 마음에 가득 찬 당신의 관심

며칠째 조용하던 동네가 번잡하다. 축제로 분주한 모양이다. 에티오피아는 은근히 우리나라를 떠올리는 것이 많은데 그중 하나가 명절 풍습이었다. 명절이 되면 새벽부터 염소나 소를 잡는 소리가 가득하다. 조금 무섭긴 하지만, 그날 아침 거리는 죽은 양과 염소 머리, 꼬리 같은 것들이 길거리에 널브러져 있다. 처음엔 깜짝 놀라기도 했지만, 이것도 점차 익숙해지니 오늘은 저 집에 얼마나 많은 사람이 오려고 저 많은 양을 잡나 싶다. 음식을 수북이 만들어 사람들과 나눠 먹고, 가족, 친지, 이웃의 집에 방문하거나 덕담을 하며 즐거운 시간을 보낸다.

에티오피아에서 가장 큰 기념일은 은꾸다다시(설날), 겐나(성탄절), 메스켈(십자가의 날), 튼사예(부활절), 뜸까트(세례의 날), 이렇게 생각하면 좋을 것 같다. 그 외에도 크고 작은 기념일이 있지만 좀 더 보편적인 기념일은 이 5가지 정도가 될 것 같다.

이 달엔 에티오피아 최대 기념일인 메스켈과 은꾸다다시가 있는데, 신기하게도 9월이 새해가 된다. 에티오피아는 에티오피아력 혹은 율리우스력이라는 역법을 사용하여 1년이 13개월이다. 평년은 365일, 윤년은 366일로 1월부터 12월까지는 한 달이 30일이고 13월은 5일로 이루어져 있고 4년에 한번씩 13월은 6일이 된다. 13개월이긴 하지만 한 해의 일수는 우리나라와 같다.

그런데 에티오피아는 예수의 탄생을 B. C 7년으로 생각하기 때문에 우리가 세는 서기 연도와 7년이라는 시간 차가 있다. 그렇기 때문에 에티오피아에 가면 7살이 어려지는 기분이 들기도 한다. 9월이 새해인 이유도 거슬러 올라가면 에티오피아의 정교회(orthodox)와 이어진다고 한다. 독특한 시간 셈법도, 13개월의 달력 셈법도, 모두 에티오피아만의 오래된 문화에서 지켜진 역사이기도 하다.

벌써 에티오피아에서 세 번째 새해를 맞이하고 있지만 요란스런 바깥의 소란과 달리 집 안엔 정적이 흐른다. 재미도 없는 텔레비전을 라디오처럼 틀어 놓고 노곤한 공기를 베개 삼아 소파에 누워 하릴없는 시간만 늘어지게 붙잡고 있다. 이리 뒹굴, 저리 뒹굴 대도 시간은 참 더디다.

눈이 점점 감기려던 찰나 고요함을 날려 버리는 전화벨이 울린다. 아! 게타훈 선생님이다. 매번 명절이 되면 날 초대하곤 했는데, 이번에도 날 잊지 않으셨나 보다. 오늘은 새해인데 뭐하느냐며, 바쁘지 않으면 자기 집에 놀러 오라고 말하신다. 오랜만에 보는 그에게 무의식적으로 반가움이 폭발한다. 연장해서 가장 좋은 점은 게타훈 선생님에게 오랜만에 전화가 온다 하더라도 변함없는 목소리로 전화를 받을 수 있다는 것이다. 마치 앞으로도 계속 아와사에 머물러 있을 것처럼 말이다.

맨손으로 방문하기는 민망해서 근처 슈퍼에서 아이들에게 줄 과자를 한 통 사서 그의 집으로 향한다. 게타훈 선생님의 집에 도착하니, 돌돌 말려 있는 인제라와 슈로, 도로워뜨, 뗩스, 프르프르, 각종 탄산음료와 커피 세레모니를 위한 작은 공간이 만들어져 있었다. 게타훈 선생님과 그의 친적에게 일일이 인사를 하고 반가움을 전했다. 선생님이 준비한 음식을 먹으며 서로의 근황을 이야기하고 난 후, 게타훈 선생님의 집을 시작으로 선생님의 친척 집까지 두세 번 정도 더 이동했다.

외국인을 보고 신기해하는 아이들은 나에게 미술과 한국에 대한 질문을 쏟아 내느라 바쁘고 나는 그 질문을 답하느라 아는 현지어를 총출동시키고 있었다. 선생님의 친척과 일면식도 없지만 이런 날엔 너스레 좋은 '사라'로 변해야 한다. 뭐, 에티오피아에 살면서 넉살 좋아지는 법, 대범해지는 법, 담대해지는 법 같은 것도 배워두니 유용하게 쓰이는 거 같다. 위에 언급했던 똑같은 음식을 몇 십 그릇 더 비우고 나서야 시끌벅적한 명절이 끝났다. 배는 이미 용량 초과고 오버차지를 낸다 해도 더 이상 비집고 들어갈 틈이 없는 듯 보이지만 전혀 고통스럽지 않다. 분나마브라트(커피 세리머니) 때문에 커피를 10잔도 넘게 마신 것 같지만 오늘은 명절의 추억을 고이 간직한 채로 잠들 수 있을 것 같다.

선생님은 곧 학기가 시작되면 수도로 가신다고 한다. 귀국 전에 또 언제 만나게 될지 모르겠지만, 마지막까지 그를 유쾌하고 즐거운 선생님으로 기억에 남길 수 있을 것 같다.

나의 고단한 마음에 당신의 넘치는 사랑이 있어 언제나 감사했답니다. 나의 구세주여, 당신이 언제나 평안하시길.

보물이 가득한 여기 아와사

KOICA 일반단원은 단신 부임으로 파견지에서 2년간 생활한다. 때론 각각의 파견 기간이 접점이 닿지 않을 땐 혼자가 될 수도 있고 한번에 많은 사람들이 파견될 때면 엄청난 대가족이 생긴 기분이 들기도 한다.

한때는 태권도 단원과 두 명만 아와사에서 활동했던 기간도 있었는데, 나보다 나이는 어리지만 굉장히 착실하고 성실한 단원이었다. 이글거리는 땡볕 아래서 힘든 시범 공연을 하면서도 힘든 내색 한번 않던 그의 모습이 인상적이었다. 그는 태권도를 알리기 위해 학교 수업은 물론이고 크고 작은 공연을 기획해 아와사 곳곳에서 한국을 알리기 위한 큰 활약을 하고 다녔었다. 아마도 내가 이곳을 떠나더라도 새로 오는 단원들에게 선배 역할을 잘할 수 있을 거란 믿음이 절로 생기는 듬직함이 느껴졌다.

친하게 지내던 JICA(일본에서 파견된 봉사활동단원) 단원들이 갑작스레 중도 귀국하거나 더 이상 후임을 보내지 않았다. 구성원이 점점 줄어들고 있었기 때문에 우리는 아와사로 오는 신규 단원이 간절했다. 우리의 간절한 마음이 단원들을 이곳으로 이끌었는지 컴퓨터 단원과 농업 분야의 대학생 봉사단원들이 차례로 파견되었다. 특히 풋풋했던 대학생 단원들은 내가 흔들리고 고민하던 시간보다 훨씬 더 이른 나이였다. 처음 만난 순간, 그들은 밝고 예쁘게 반짝이고 있었다.

그들을 향한 두근거리는 마음을 표현하기 위해 서툰 요리 실력이지만 내가 만들 수 있는 모든 솜씨를 동원해 그들을 환영하기 위해 집에 초대했다. 난생처음 생닭을 손질하고 통닭을 만들고 시장에서 한가득 산 오렌지로 즙을 짜느라 사투를 벌이기도 했다. 단출하던 식탁이 사람들로 가득하다. 빈 그릇에 온정을 담뿍 담는다. 기존 단원들과 새로운 단원들의 새로운 합이 모난 곳 없이 조화롭다.

나뿐만 아니라 아와사 모든 단원들이 왁자지껄한 저녁식사에 의기투합한다. 분주하다 할지라도 유례없는 북적임이 반갑기만 하다. 이런 일이 전혀 번거롭지 않은 건 그들을 아끼는 마음 때문일까? 아니면 다가오는 이별을 준비하는 졸업반 언니의 아쉬움 때문일까? 온종일 바쁘게 움직이지만 전혀 힘들지 않은 건 이제야 비로소 만난 보물들이 내게 선사하는 존재의 이유 때문인가 보다.

끝자락에서 시작과 맞닿다

내게 주어진 2년의 시간을 다 소비하고 새로 충전받은 6개월이 시작된다. 내가 연장을 하게 될 줄이야. 나조차 믿기지 않는 용기는 어디서 나온 걸까 싶으면서도 한 뼘 커진 내 모습이 한층 가벼워진 두려움을 달음박질시킨다.

마지막 2학기의 서막이 올랐다. 이건 나의 기나긴 이야기가 끝을 향해 달리고 있다는 의미이기도 하다. 떠나지 않고 다시 돌아온 나를 반겨 주는 학교 사람들에게로 향했다. 단원이 연장을 하기 위해서는 기관장의 평가와 동의서가 필요한데, 학장님은 사무소에다가 '사라가 이 학교에 반드시 필요하다'고 말하면서 꽤 좋은 이유들로 채워 단원평가를 해주었다고 한다. 바쁜 와중에도 연장을 위해 애쓰셨을 학장님에게 감사를 전했다. 선생님들께 마지막 학기의 출근을 알리고, 다시 만난 학생들에게 일일이 인사를 나누며 거리낌 없는 미소를 선물 받는다.

수업을 진행하면서 귀국 준비까지 함께해야 했기 때문에 지금까지의 학기 중 가장 바쁘다는 것만 빼면 오히려 가장 마음이 안락하다. 이것이 바로 비움에서 오는 채움인가 싶기도 하고, 제대를 앞둔 군인 같은 마음인가 싶기도 하다. 마음이 너그러워지는 이 시간들이 나를 더 풍요롭게 만든다. 가장 고무적인 건 한 학년의 시작과 끝을 함께

할 수 있다는 사실이다.

더 이상 번복도, 더 이상 추가도 불가능한 단 6개월의 시간 속에 얼마 남지 않은 스케치북 빈칸을 어떤 그림으로 채워 넣을지 기대된다. 내 지나온 발자국의 채점표를 받게 될 가슴 떨리는 최후의 학기, 30개월의 마침표를 찍기 위해 끝내 오고야 말 결승선의 마지막 바퀴를 달리고 있다.

이제는 스스로

비장한 각오를 한 것과는 다르게 연장된 학기는 생각보다 별 다를 것 없이 무난했다. 어려운 것도 없고 학생들의 수준도 잘 조절해서 수업을 하고 있다. 이미 한 학기를 같이한 학생들이니 내게 어려울 것도 없지. 너무 무난해서 1년 내내 변함 없는 에티오피아의 담청색 날씨 같은 일과들이 연속되고 있다. 그렇다고 지루하거나 무료하지는 않다. 매일 애틋한 느낌으로 수업에 들어가고 있으니 하루하루가 새로운 느낌이다.

학생들은 여전히 물감을 섞어 새로운 색을 만들어 내는 데 한참 시간을 보내고, 종이접기를 할 땐 색종이가 삐뚤빼뚤하고, 입체 카드를 만들면 신기한 탄성이 나오고, 야외 스케치를 나가면 학생들의 반은 어디로 갔는지 안 보이고, 정밀묘사를 하자고 했더니 꽃을 꺾어 교실로 갖고 오질 않나, 지점토라는 것을 처음 만져 보고 낯설어하고, 문패 만들기를 하려니 이름이 너무 길어 난감해하기도 한다.

하지만 이제는 내가 없어도 알아서 색깔을 찾아 쓰고, 없는 색은 섞어 만들어 사용할 줄 알게 되고, 삐뚤빼뚤한 종이를 다시 펴서 도안을 보고 다시 바르게 접어 낸다. 시키지 않아도 소중한 사람들에게 카드를 선물할 생각을 하고, 야외라는 큰 공간에서 다양한 사물을 찾아다니며 스케치를 한다. 관찰력이 늘어나 사물을 자세히 관찰하는 재미를 알게 되었다. 낯선 재료를 주더라도 이내 곧 적응하더니, 내가 던져준 주제를 활용한 다양한 작품을 만들어 내고, 단순했던 그림들이 복잡해지고 이야기를 담아 내기 시작한다.

어쩌면 연장된 학기를 두고 소들하다 생각할 수 있겠지만 나의 도움 없이도 이들의 세상은 스스로 움직이기 시작했다. 멋지고 화려한 세상이 아니라도, 이 아이들의 소중한 것들이 가득한 세상이 될 거라고 기대해도 될까. 스스로 일어날 준비를 마친 그들에게 나의 조용한 응원을 보내려 한다.

다시 강도

결코 호락호락하지 않은 에티오피아는 마지막까지 내게 잔혹함을 선사했다. 이상한 일이 일어나는 날은 몇 가지 납득 가지 않는 현상들이 겹치다 정점을 찍고 폭발하게 되는데 그날도 그런 날이었다.

단원들과 저녁을 먹고 각자의 집으로 헤어지는 길이었다. 어두워진 동네는 보름달만 덩그러니 빛나고 있었고 지붕 아래 붙어 있는 어두운 그림자들 사이로 낯설고 스산한 기운이 느껴졌다. 늦지 않은 시간인데도 불구하고 오토바이 택시는 보이지 않았고 힘들게 잡은 바자지도 불친절하거나 터무니없는 바가지를 씌워 댔다. 20여 분 정도 더 기다렸던 것 같다. 적당한 가격을 부르는 오토바이 택시 한 대를 겨우 잡았고 나를 기다려 줬던 다른 단원에게 미안한 마음을 전한 뒤 서둘러 그 자리를 떠났다. 집이 가까워지고 있었다. 눈앞에 대문이 보이자 호주머니에 꼬깃꼬깃 접어둔 돈을 꺼내들었다. 그런데 기사가 말을 바꾸더니 원래 요금의 두 배를 부른다.

"아니 바로 앞에 저긴데, 조금만 더 가면 되는데 갑자기 왜 이래?"

"내가 생각했던 것보다 길이 멀었어. 돈 더 내면 네 집 앞까지 가줄게."

아니 무슨 이런 일이 다 있나. 정말 어이가 없었다. 조금 더 타고 싶긴 했지만 말도 안 되는 바가지를 씌우는 저 기사가 미웠다. 이제 곧 있으면 한국으로 돌아갈 테지만, 끝까지 이곳은 이방인에게 이해하기 어려운 일들이 많이 일어나는 것 같았다. 건너들은 이야기로는 바자지 납치도 종종 일어난다고 하니 괜한 실랑이를 벌이다가 기사가 나를 태워 다른 곳으로 가버리면 어쩌나 싶어 겁나기도 했고 무엇보다도 그날은 아침부터 수업 준비를 하느라 너무 피곤했기 때문에 더 이상의 언쟁을 벌이고 싶지 않아 조용히 흥정을 거부했다.

"참 이상한 날이야."

날 버리고 떠나는 바자지를 보며 계속해서 혼자 중얼거렸다. 이렇게까지 바자지를 잡기 어려웠던 적도 없었고, 이렇게 말도 안되는 돈을 요구하기도 처음이었다. 옛날 같으면 온몸 가득 화를 끌어올려 욕이라도 날리고 부당한 일에 대해 따져 물었겠지만 떠날 날을 앞두고 마지막까지 달궈진 냄비처럼 부글거리고 싶진 않았다.

"어엇!"

나는 집을 코앞에 두고 고꾸라지고 있었다. 이 기분 나쁜 느낌, 단번에 나쁜 일에 휘말리고 있음을 인정할 수밖에 없었다. 앞으로 넘어지는 그 짧은 시간 동안 수천 가지 생각을 했다.

'계속되던 재수 없는 기분이 정점에서 폭발하는구나. 또 다시 내게 이런 일이 일어났구나. 정신 똑바로 차려야 한다. 나는 살아야 한다. 무조건 무사히 한국으로 돌아갈 거야.'

내 몸은 땅바닥을 몇 바퀴쯤 데굴데굴 구르다 동네 하수도를 재정비하기 위해 모래를 가득 쌓아 놓은 구석 어딘가에 처박혔다. 키가 조금 작고 왜소한 체격을 가진 남자가 다가와 넘어져 있는 내 어깨를 부여잡고 가방을 거칠게 뺏으려고 했다. 파견 초기 필사적으로 달려

위기를 모면했었지만, 이번엔 너무나 달랐다. 나는 땅바닥에서 그 남자의 무릎에 제압당해 있고 심지어 저 남자의 손엔 희번덕거리는 칼이 들려 있었다.

"가지고 있는 거 다 내놔. 안 그러면 널 죽이겠어!"

연신 그 말을 내뱉으며 나를 위협했다.

'호랑이 굴에 들어가도 정신만 차리면 살 수 있다고 했다. 그래 나 아프리카에서 2년 넘게 살았어. 이 정도쯤은 극복할 수 있어!'

나는 파견 초 울기만 하던 겁쟁이가 아니었다. 내 안에 냉정함과 이성적인 판단력이 모든 신경을 곤두세우고 두뇌를 집중시키고 있었다.

"잠시만, 기다려 봐! 니가 원하는 걸 줄 테니 진정해!"

"죽여 버릴 거야. 빨리 내놔!"

"진정해. 돈이 가방 안에 있어. 잠시만, 잠시만!"

움푹 파인 모래더미를 짚고 겨우 몸을 일으켜 세웠다. 최대한 남자와 거리를 두며 천천히 일어나려고 했지만 이 남자는 결코 호락호락한 상대가 아니었다. 그와 나의 거리가 벌어지려 하자 다시 가방을 낚아채 나를 자신의 앞쪽으로 힘껏 당겼다. 남자를 자극하지 않기 위해 얼른 지갑을 통째로 남자에게 던지듯 쥐어 주었다. 칼에 찔려 위급한 상황이 되는 것보다 돈을 줘버리는 것이 낫겠다고 판단했지만, 이 남자는 사라지지도 않았고 여전히 나를 놓아 주지도 않았다. 텔레비전에서 보니까 이렇게 하면 된다고 했었는데. 실전에서는 뭔가 달랐다. 쉽지 않았다. 조금만 더 뒤지면 가방에 챙겨 놓은 호신용 스프레이와 호루라기가 잡힐 거 같기도 한데 틈이 보이지 않았다. 아니

저 번뜩이는 칼 때문에 섣부르게 행동할 수가 없었다.

"핸드폰도 내놔! 어서!"

돈으론 부족했는지 내 바지 호주머니와 재킷 호주머니 구석구석을 뒤져 댔다. 예민하고 날카로운 기운이 팽팽하게 균형을 이루고 있었다. 그날은 이상한 느낌을 많이 받았던 날이라 가방 가장 안쪽에 핸드폰을 넣어 뒀고 가방 앞쪽엔 수업 때 쓴 물감이랑 색종이들만 가득했었다. 한참을 뒤져도 원하는 것이 나오지 않자 남자는 당황한 듯했다. 그 남자와 나 사이에는 고요함만 흐르고 있었다. 눈앞에 보이는 저 문 너머에 이사이야스가 있지만 부를 수가 없다. 시간이 멈춰 버린 것 같았다. 아무것도 할 수 없는 무력감이 나를 고통스럽게 만들었다. 그때였다.

"삐걱!"

아슬아슬한 살얼음판의 균형을 깨는 소리가 들린다.

'아! 나의 구세주여! 감사합니다.'

바닥에 힘껏 던지면 높이 튀어 오르는 고무공처럼 남자는 반사적으로 몸을 틀어 뒤도 돌아보지 않고 도망가기 시작했다. 그것은 마치 정적을 깨는 백 미터 달리기 출발 총소리 같았다. 이제 상황은 역전되었다. 나는 앞만 보고 달리는 경주마처럼 온몸의 운동 에너지를 끌어모아 오로지 단 하나의 목표물, 내 앞을 달리고 있는 저 남자의 뒤통수만 쫓았다.

"도둑이야! 도둑!"

내 안에 모든 힘을 쥐어짜 내어 소리를 질렀다. 시끄러운 고함소리가 좁은 골목을 꽉 채운다. 힘껏 달리고 있었지만 힘들지 않았다. 조금만 손을 내밀면 닿을 듯 말 듯 한데 결코 쉽게 잡히지 않는다. 이웃 주민들이 옆집, 앞집 할 것 없이 모두다 골목으로 쏟아져 나왔다. 난 순식간에 사람들에게 에워쌓였다. 여전히 어두운 골목 안에서 누가 누군지도 모르겠고 이 사람들 중에 강도가 섞여 버렸는지도 모르겠다. 드라마 속 해피엔딩은 나쁜 강도를 잡아 응징하는 것으로 끝나지만 안타깝게 이번에도 강도는 잡을 수 없었다. 지독한 어둠은 여전히 내 편이 아니었다. 결국 나의 추격은 미완으로 끝나고 말았다.

나는 울지 않고 있었다. 무섭지 않아서가 아니라, 두렵지 않아서가 아니라, 믿고 있었다. 반드시 아무 일 없이 끝날 것이라고 이 상황을 이겨낼 수 있을 거라고. 옛날처럼 바보같이 울고만 있지 않을 거라고.

모여 있는 사람들의 틈을 헤집고 이사이야스가 나타났다.

"방금 칼을 든 강도가 내 지갑을 뺏고 날 죽이려고 했어. 이쪽으로 도망갔는데 아직 못 잡았어. 여전히 위험해."

방금 전 상황을 이사이야스에게 설명했더니 곧바로 몇 사람과 주변을 살피러 간다. 하지만 이미 도망간 남자를 잡기엔 무리란 걸 알기에 사람들 틈에 껴 사람들의 웅성거리는 소리를 위안 삼아 놀란 마음을 진정시키고 있었다. 그때 내 옆에 서있던 아주머니가 나의 팔을 살짝 끌어당기더니 갑자기 자신의 품속으로 꼭 껴안는다. 숨도 쉬지 못하고 강한 척하던 내 모습이 안쓰러웠나 보다. 내 등을 토닥거리며 쉴 새 없이 내게 '이끄르타(미안해)'라 말한다.

"아!"

눈앞이 흐려진다. 이 아주머니의 품이 너무 따뜻해서인가? 긴장이 풀려 버린 걸까? 이제야 안심이 된 걸까? 옛날의 그 눈물과는 조금 다른 의미인 것 같다. 아, 모르겠다. 다른 생각이 뭐가 필요하랴. 그냥 눈을 감아 버렸다. 울려고 한 게 아닌데, 자꾸만 굵은 눈물이 떨어지고 있다.

항상 조심하고 있다 생각했지만 역시 이곳은 안심할 수 있는 곳이 아니다. 위험은 순간의 틈으로 비집고 들어온다. 끝까지 만만한 곳이 아니다. 여기, 아프리카!

극복은 누군가의 도움으로 이루어진다

내 모습은 2여 년 전보다 많이 변했다. 어제 강도를 만났지만 오늘 외출을 할 수 있을 만큼 일상으로의 회복이 빨라졌다. 두렵지 않은 건 아니지만, 얼마 남지 않은 시간이 마무리해야할 일을 재촉하고 있었다. 구석에 처박혀 울고 있을 틈이 없었다. 다행인 건지 불행인 건지 생각보다 차분하게 극복하는 내 모습이 낯설기까지 하다. 에티오피아인을 향한 미움보다 다정함이 더 남아 있으니 어쩌면 당연한 건가?

달라진 게 하나 더 있다면, 이제 이사이야스가 나의 보디가드까지 되었다는 것이다. 그의 눈엔 세상 우여곡절 혼자 다 겪고 있는 집주인이 안타깝게 보였나 보다.

그날 저녁 대문을 열고 들어서기 전 이사이야스가 내게 말했다.

"사라! 앞으로 해가 지면 전화를 해. 내가 데리러 갈게. 같은 에티오피아 사람으로서 정말 미안해. 앞으로 내가 사라를 많이 도와줄게."

퉁퉁 불어 터진 두 눈을 느릿하게 끔벅거리며 그의 친절을 사양하지 않았다.

학교 수업을 마치고 집으로 돌아올 때, 수도에 올라가기 위해 사람이 많은 정류장으로 가야 할 때, 슈퍼에 탄산음료를 사러 갈 때, 갑자기 배가 고파져 식당을 가고 싶을 때, 전화카드를 충전해야 할 때, 미술 재료를 사러 갈 때, 이사이야스는 기꺼이 나와 함께한다. 페르시안 블루가 하늘을 덮으려 할 때면 언제나 곁엔 이사이야스가 있었다.

생각해 보니, 내가 굳세어질 수 있었던 건 스스로 강해진 게 아니라 이사이야스의 보이지 않는 이런 정성 덕분이었나 보다. 여전히 6시가 되면 이사이야스와 함께 걷던 푸른 밤의 바람이 떠오른다. 내 마음에 사르르 녹아 든, 결코 채워지지 않는 그리움이 그날의 잔잔한 걸음을 뚜렷한 행복으로 만든다.

인기 연예인

살면서 인기 연예인이 된 기분을 느껴볼 수 있을까? 출근하는 그 순간부터 여느 인기인 부럽지 않은 최고의 환대를 받는다. 내가 정말 강도를 만나기는 했던 건지, 학생들에게 둘러싸여 우울한 감정 따윈 느낄 틈이 없다.

"사라 선생님!"

"선생님! 선생님!"

학교 대문을 지나 예체능과 건물로 들어가면 여기저기서 나를 부르는 학생들의 목소리가 들려온다. 미술 교실에 가까워질수록 곳곳에 흩어져 있던 아이들이 나를 중심으로 모이기 시작한다. 어느새 정신을 차리고 보면 내 주변에 수십 명의 아이들이 밀착해 있다. 키가 작은 탓에 학생들이 나를 에워싸면 주변이 보이지 않아 길을 헤매고 만다. 갈 곳을 잃어 제자리에 서있으면 저 멀리서 오늘의 해결사가 나타난다. 4개 반 중에 가장 키가 큰 A반 반장은 나의 보디가드가 된 것처럼 내가 걷는 앞을 터 나간다. 왠지 근엄한 선생님인 척하고 싶어져 괜히 아이들 앞에서 도도하게 걸어 보기도 하지만 아이들에게 고마운 마음은 좀처럼 숨길 수 없다. 교실에 도착하면 아이들의 환대가 끝난 것이 아쉬워 은근하게 다음 수업 날을 기대하기도 한다. 황량했던 땅에 씨앗을 심고 그것이 뿌리를 내려 푸른 잎을 틔운 듯 이 모든 것이 더할 나위 없이 보람찼다.

잊히는 모든 것들이 시쁘겠지만, 나를 아껴 주던 사람들은 내 기억 깊숙이 꽁꽁 달아매어 놔야지. 휘몰아치는 거대한 기억의 소각에 휩싸여 사라지지 않도록. 자꾸만 이런 생각이 드는 걸 보니, 정말로 이 아이들과 헤어질 날이 얼마 남지 않았나 보다.

예전엔 기쁨과 외로움이 함께 찾아오더니 요즘엔 기쁨과 아쉬움이 뒤섞여 찾아온다. 이게 뭐람. 하나의 감정이라도 제대로 즐길 틈이 없구나.

좋은 사람은 언제 봐도 좋다

"사라!"

"엘리자베스 선생님!"

단정하게 머리를 묶은 엘리자베스 선생님이 인자한 눈웃음을 지으며 교실 안으로 들어오신다. 가까이 다가가 선생님을 살짝 안아 본다. 우리의 인사는 항상 이렇다. 살짝 안았다가 양쪽 볼을 번갈아 대기도 하고, 팔짱을 살짝 껴보기도 한다. 요즘은 마무리 수업을 하느라 교실에만 꼬박 박혀 있다 보니 이렇게 엘리자베스 선생님을 보는 것도 꽤 오랜만이었다. 선생님은 조용히 다가와 들고 있던 작은 포장지를 내 손에 쥐어 준다.

"이게 뭐예요?"

예상치 못한 갑작스러운 선물에 물오른 기쁨이 부산스럽게 끌어 오른다. 에티오피아 기념품 겸 전통 가방이었다. 언젠가 에티오피아에서 전통 의상을 입은 여자들이 이 가방을 들고 다니는 걸 본 기억이 난다. 선생님은 한국으로 떠날 내게 깜짝 선물로 그동안의 수고를 격려해 주었다. 난 각국의 전통 의상이나 기념품을 좋아하기 때문에 선생님의 선물이 내 맘에 쏙 든다. 이것만으로도 기쁜데 나를 집으로 초대하겠다며 주말에 놀러 오라신다.

주말 오후 점심시간 쯤, 더 이상 표현할 말이 없을 정도로 여전히 하늘은 맑고 햇볕은 뜨겁다. 같은 학교에 근무하는 태권도 단원과 귀국을 함께하기 위해 온 나의 동생과 함께 엘리자베스 선생님 집으로 향했다. 넓은 마당에 아담한 망고나무와 석류나무가 자라고 있고 볕에 잘 마르고 있는 물기 잔뜩 머금은 빨래가 우리를 생소한 인상으로 맞이한다. 선생님은 우리를 의자에 앉히고, 정성 들여 만들어 놓은 염소 고기 뜹스와 인제라를 그릇에 가득 담아 건넨다. 인제라에 부드러운 뜹스를 감아쥐고 입안 가득 채워 넣는다. 맛이 단연 일품이라 그릇은 어느새 텅 비었다. 이번엔 뜹스로 모자라 도로워뜨까지 나온다. 이렇게까지 대접받아도 좋은가 싶은데, 어느새 선생님은 커피 세리머니까지 준비 중이시다. 에티오피아 사람들은 명절이나 기념일이 아니라도 누군가를 집에 초대할 때면 커피 세리머니를 꼭 한다. 그것이 이들의 손님을 맞이하는 방법이기 때문이다. 엘리자베스 선생님은 나지막한 의자에 앉아 갓 빻은 커피를 자바나에 담고 숯 위에서 자작하게 끓여 낸다. 미리 튀겨 놓은 팝콘을 먹으라고 건네는데, 팝콘이 너무 맛있어 방금 밥을 먹었던 것은 잊고 와작와작 짭조름한 팝콘에 정신이 팔려 버린다. 그사이 자바나 안에서 보글보글 끓어오르는 커피를 작은 시니에 채운다.

'시니'라 불리는 에티오피아 전통 찻잔은 손바닥 안에 쏙 들어갈 정도로 작은 크기에 손잡이가 없기 때문에 찻잔 몸통 부분을 손가락 엄지와 검지, 중지로 잡고 두어 번 나눠 마시면 커피는 금세 없어진다.

보통 커피 세리머니로 세 잔 정도 혹은 그 이상의 커피를 마신다.

'첫 번째 잔은 환영, 두 번째 잔은 행운, 세 번째 잔은 축복.'

엘리자베스 선생님께 받은 환영과 행운과 축복을 담은 커피를 쉴 새 없이 비운다. 에티오피아에서 내가 가장 달라진 걸 하나 고르라면 바로 에티오피아산 커피에 매료됐다는 건데, 이날도 그랬다 커피를 연거푸 몇 잔을 마셨는지 모르겠다. 엘리자베스 선생님이 흐뭇해하시며 자꾸만 커피를 따라 주시는데, 에티오피아인이 타인과 교감하는 방식을 이해한다면 이런 작은 행동들도 아주 큰 의미로 다가온다.

인생에서 짧다면 짧은 30개월이었다. 스쳐가는 사이로 만나 이유 모를 끌림에 선생님을 쫓았다. 나의 순백의 존경은 선생님의 무구한 화답으로 돌아왔다.

이곳에서 나는 사람들에게 너무 많은 것을 받은 것 같다. 내가 준 것보다 훨씬 더 많이 나는 사랑받고 있었다. 원망하고, 괴로워하고, 투정 부리던 시간에 쏟던 아까운 시간조차도 난 혼자가 아니었다. 이 모든 행복을 에티오피아를 떠나기 전에 오롯이 선물 받았다.

정말로 끝까지 버텨 내길 잘했다는 생각이 든다.

결국 다가온 마지막

"이 사진 잘 나왔네. 음, 이 사진도."

디지털 카메라로 틈틈이 찍어둔 학생들의 수업 사진을 고르며 학기가 끝날 때 나눠줄 선물을 고민한다. 눈감은 거 빼고, 흔들린 거 빼고, 어두운 거 빼고, 최대한 밝은 표정의 사진들을 고루 골라 시내의 사진관으로 향했다. USB를 맡겨 놓고 다섯 걸음쯤 옆에 자리하고 있는 내가 가장 좋아하는 카페에 들어가 카라멜마끼아또 한 잔을 시키고 앉는다. 사람들의 수다로 가득 찬 카페의 활기가 온몸으로 흠뻑 스며든다. 혼자라는 쓸쓸함을 느낄 새도 없이 치익거리며 우유 거품을 내는 분주한 쇳소리를 몇 십 번 정도 들으면 사진관으로 돌아가야할 시간이다. 사진관 안에는 번쩍거리는 플래시 세례를 받으며 증명사진을 찍기 위해 준비 중인 사람들과 나같이 사진을 뽑기 위해 차례를 기다리고 있는 사람들이 섞여 있다. 얼마 기다리지 않아 '사라'라는 이름이 불리면 두툼한 사진들을 건네받기만 하면 된다.

160명의 아이들에게 모두 한 개씩 돌아가도록 선물을 준비했다. 출석부 뒤편에 차곡차곡 모인 조그마한 도장들이 그동안 흘러온 시간을 말해 주고 있었다. 도장의 개수대로 1등부터 순위를 매기고 분배할 미술 재료를 정리했다. 함께 나눠줄 사진 뒤에다 한 명씩 골고루 학생들의 이름을 적었다. 혹시 여분의 사진을 더 뽑고 싶은 사람을 위해 CD 안에 그동안 찍었던 사진 파일을 모두 담아 조별로 준비했다. 각 학급별로 나눠줄 선물을 정리해 놓고 보니 그동안 학생들과 함께했던 시간들이 순서 없이 떠오른다. 오라고 할 땐 더디게 오더니 오지 말라고 하니 어느새 눈앞에 있는 시간들이 또 하나의 삶은 선물을 가지고 와버렸다.

이번 주가 지나면 이 교실에서 학생들과 마주하는 것도 끝이 나는구나. 내가 이들과 공유한 재능이 어디까지 성장할지 볼 수 없겠지만 분명한 건 이들은 어디서든 자신이 가진 역량을 발휘할 수 있는 충분히 소중한 인재라는 것, 그런 나의 믿음을 배신하지 않을 것이라는 확신이 생긴다.

울컥 솟아오르는 애틋한 여운도 오늘이 마지막이길.

짙푸른 밤 옥수수

푸르던 어스름이 온 동네로 퍼진다. 수업을 마치고 돌아와 동생과 함께 한국으로 돌아갈 짐을 싸느라 여념이 없었다. 아까부터 현관 앞을 왔다 갔다 하던 이사이야스가 나를 앞마당으로 부르더니 통통한 옥수수 세 개를 내게 보여 주며 웃는다. 이사이야스는 우리에게 뭔가 해주고 싶어서 그동안 조금씩 모아둔 돈으로 고심해서 준비한 것 같았다. 괜찮다고 해도 한사코 우리에게 마음을 표하고 싶다며, 마당 한 켠에다 장작불을 피워 놓고 바쁘게 움직인다. 나의 동생, 그러니까 진짜 사라의 가족을 만나 반갑다며 이사이야스의 방식으로 준비한 환영회 겸 환송회였다.

사실 이사이야스에게는 말하지 않았지만 나는 옥수수를 좋아하지 않는다. 옥수수를 먹은 날은 삐뚤빼뚤 불규칙한 치열 때문에 양치하기가 꽤 힘들기 때문이다. 그런데 저렇게 신나 있으니 어찌 사양할 수 있을까. 오늘은 그냥 다른 생각하지 않고 이 세상 그 어떤 것보다 맛있게 옥수수를 먹어 줘야겠다.

이사이야스는 이렇게 말한다.

"아와사에서 가장 맛있는 게 바로 이 옥수수야!"

옥수수를 좋아하는 동생은 벌써 아프리카 고랭지 옥수수에 대한 기대감에 가득 찬 듯했다. 불똥을 피해 앉아 이사이야스의 동선을 찬찬

히 살핀다. 옥수수를 맛있게 구워 주겠다고 앞마당과 뒷마당을 오가며 갖가지 도구를 다 챙겨 온다. 앉아만 있기가 민망해져 뭔가 도와주려 살짝 일어서 보지만, 이사이야스는 오늘은 자기가 다 할 테니 움직이지 말라며 나를 다시 제자리에 앉힌다.

활활 타오르는 장작불이 하늘까지 태우고 있는 걸까. 오늘 따라 까만 밤하늘이 도드라지게 예쁜 별을 선물한다. 이제 이렇게 반짝이는 밤하늘을 보는 것도 얼마 남지 않았구나. 누군가 분무기에 별을 담아 뿌렸는지 크고 작은 별들이 어우러져 밤하늘에 가득 빛나고 있었다. 동생은 한국에서 보지 못했던 별들이 여기에 다 붙어 있다며 넋을 놓고 하늘을 바라보고 있었다. 아름다운 풍경에 함께 기댈 수 있는 사람들이 있어 행복한 밤이다.

부채질 몇 번이면 기운 센 장작불 불똥이 폭죽처럼 온 사방에 터진다. 행여나 잘못해서 소중한 옥수수가 타버릴까 쉴 새 없이 뒤집느라 이사이야스의 이마엔 땀이 한가득이다. 월급으로 학비 내고 밥 먹고 생활비 하면 돈도 빠듯할 텐데 이런 기특한 생각은 언제 한 건지. 울컥거리는 마음을 힘겹게 숨기고 있다. 마지막이라는 건 사소한 것도 이렇게 평정심이 무너지곤 한다.

이사이야스는 한참 굽던 따끈따끈한 옥수수를 나와 동생에게 건넨다. 정말 맛있을 거라며 확신에 찬 표정을 지으며 땀을 한가득 머금은 얼굴로 하얀 치아가 몽땅 보이게 웃어 보인다. 내 짐작이지만 그는 분명 행복해 보인다. 물론 그의 행복을 한눈에 전달받은 나도 행복하다.

오늘같이 낭만적인 날엔 모기도 알아서 피해 주는 것 같다. 우리는 마치 수학여행 온 학생처럼 장작불을 앞에 두고 도란도란 이야기를 나눈다. 별다른 이야기는 없지만 그의 가족과 우리 가족에 대한 이야기, 그동안 겪었던 아와사의 추억을 되짚어 본다. 이사이야스에게서 많은 도움과 위로를 받아 고마웠고 행복했지. 다사다난했던 지난 시간들을 홀로 버티기는 너무 힘들었으니까. 일해야 하는 시간에 집을 자주 비워서 많이 혼내기도 했었는데, 지금 생각해 보니 학교 과제랑 일이랑 동시에 하기가 참 많이 바빴을 거야. 친구들이랑 놀지도 못했을 테고. 떠날 때가 가까워지니 할머니 같은 마음으로 변했나 보다. 그에게 인자함을 한가득 쏟아 낸다.

어둠 속에서 용맹함을 발산하던 불꽃이 어느덧 자작해졌다. 서로의 얼굴에 묻어 있던 검댕을 보며 웃던 그 기억이, 정성 가득 한 끼 대접했다는 이사이야스의 그 뿌듯함이, 별빛 가로등 아래 빛나던 그날의 우리 추억이 여전히 그 마당엔 남아 있을까?

동생은 첫 아프리카 친구를 사귀었다고 그날을 기억한다. 나는 내 생에 가장 맛있는 옥수수를 먹었다고 그날을 기억한다. 이사이야스는 그날을 어떻게 기억하고 있을까?

이별식

"사라, 학교에서 널 위한 환송회를 준비했어."

아직 수업이 다 끝나지 않았던 1월의 어느 날, 알렉스 선생님이 몇 개의 날짜를 알려 주며 마음에 드는 날을 고르라 한다. 내가 고른 적당한 요일에 환송회가 열릴 예정인 듯했다.

아, 내 차례다.

이제 더 이상 달릴 곳 없는 끄트머리에 서있다. 다른 단원들처럼 활동을 무사히 마치고 박수를 받으며 떠나는 꿈을 꿨는데, 막상 자리를 마련해 준다니 참석하고 싶지가 않다. 자꾸만 질척거리는 미련이 튀어나올까. 정리되지 않은 아쉬움이 새어 나올까. 요란스레 박수 받기보다 어제 같은 오늘처럼 조용히 떠나고 싶기도 하다. 미룰 수 있는 가장 마지막 날로 정하고 나의 아둔한 미련을 털어낼 시간을 조금 벌어 본다.

거부할 수 없는 오늘, 나의 이별식을 하는 날이 오긴 왔다. 수업을 마치고 교문을 나서려니 성미 급한 하늘은 벌써 오렌지 빛으로 물들어 가고 있었다. 어렵지 않게 바자지 한 대를 세워 환송회가 열릴 아와사 시내의 한 레스토랑으로 발길을 재촉했다. 바자지 안으로 들어오는 산뜻한 바람이 내 몸에 가득 배인 물감 냄새를 희석시켜 주는 것 같아 기분이 좋다. 이런 기분이라면 오늘의 이별도 맘껏 즐기고 돌아올 수 있을 것 같다.

현지인으로 가득한 이 레스토랑은 마당 한쪽에 아름드리나무가 멋지게 드리워져 있고 귀를 어지럽히는 요란스런 음악과 데시벨 높은 사람들의 말소리가 어수선하게 섞여 있었다. 나는 짧은 머리카락을 괄괄하게 어루만지며 종업원에게 예약된 이름을 읊었다.

"아와사 교사양성학교에서 왔는데요."

종업원은 야외석에 빼곡하게 앉아 있던 사람들을 지나 실내의 예약석으로 나를 데려간다. 그곳엔 먼저 도착한 예체능과 선생님들과 학교 임원들이 정갈하게 앉아 있었다. 익숙한 얼굴의 선생님도 있지만 내가 모르는 사람들도 꽤 참석한 것 같았다. 사람들과 악수로 가벼운 인사를 나누며 오늘의 주인공이라는 부담감에 몸서리치고 있을 때쯤 학장님이 들어오신다.

환송회는 그냥 자유롭게 밥을 먹는 자리가 아닌가 보다. 나름 격식을 갖추어 식순이 정해져 있었다. 오늘의 주인공인 내가 선생님들의 인사를 차례로 받고서 모두의 앞에서 간단한 소감도 말해야 했다. 시상식 수상 소감을 말하듯 고마웠던 사람을 열거하느라 대부분의 시간을 사용했다. 곧 이어 학장님의 감사의 편지 겸 송별사를 듣고 학교에서 준비한 선물도 받는다. 저 멀리서 가져올 때부터 '이건 너의 선물이야'라는 티가 팍팍 나고 있었다. 반짝거리는 화려한 포장지에 쌓인 흐물흐물한 물건이었는데 선물을 들고 가만히 있으니 학장님은 포장지를 뜯는 시늉을 하면서 얼른 뜯어 보라고 재촉한다. 나의 반응을 살피고 싶었는지 학장님의 눈빛이 더 설레 보였다. 박력 있게 포장지를 뜯으니 새초롬히 하얀 빛깔 곱게 뽐어 내는 에티오피아 전통 옷이 나를 반기고 있다. 에티오피아에는 종족마다 각자 상징하는 패턴을 가지고 있는데 내가 받은 건 아와사 지역의 패턴으로 만든 전통 의상이었다.

"우와! 우와! 정말 예뻐요."

내 마음에 쏙 들어 감탄사밖에 내뱉지 못하고 있었다. 이 옷을 볼 때마다 이곳에서 보낸 30개월이 고스란히 생각날 거 같아서 잔잔하게 부서지는 전등 불빛 아래 기쁨도 슬픔도 아닌 오묘한 감정들이 뒤섞인다. 일일이 돌아다니며 그동안 수업을 도와준 선생님들께 고마운 마음을 전했다. 무르익는 분위기 속에 자꾸 여운이 남아 쉬지 않고 사진을 찍어 대며 흐르는 시간을 영원히 담아 두려 애쓴다.

'내일은 또 누구와 이별을 말해야 하나.'

또 이렇게 아쉬운 하루가 저문다.

언젠가를 기약하며

학교생활의 마무리와 주변 정리를 조금씩 진행 중이다. 나의 고마웠던 가족이자 친구인 이사이야스와도 이별을 준비해야 했다. 많은 시간이 흘러 처음 만났을 때 신입생이었던 이 아이는 어느새 졸업반이 되었다. 그동안 자신의 월급으로 공부하겠다던 이 아이의 약속은 꽤 성실하게 지켜졌지만 내가 귀국을 하게 되면 이 아이의 학비와 거처가 조금 걱정이다. 한 사람의 인생에 영향을 끼친다는 것은 내 행동에 꽤 큰 책임을 져야 한다는 걸 깨달았다. 점점 귀국일이 다가오는데 걱정은 커져만 간다.

아와사 미술 단원의 공백이 제법 길어질 것 같은데, 내가 이사이야스에게 확실하게 말해줄 수 있는 건 아무것도 없는 상황이었다. 처음엔 내가 떠난 뒤에 머무를 거처를 알아봐 줬었지만 그 집에선 밥을 해 먹지 못해 생활비가 초과될 것 같다며 이사가 무산되었다. 고심 끝에 친구와 함께 작은 방을 얻어 살기로 결정했다기에 내가 떠나더라도 학업을 걱정하지 않게 퇴직금이라는 이름으로 남은 학기의 학비를 챙겨 주었다.

내가 가장 힘들었을 때 곁에서 힘이 되어 주던 이사이야스지만 나는 이렇게 홀연히 떠날 수밖에 없구나.

언제나 그랬듯 내가 할 수 있는 가장 최선을 다해 그의 학업을 보장해 주고 그의 학업이 잘 마무리되길 바랐다. 먼 미래에도 그가 원하는 삶을 살면서 행복했으면 좋겠다. 이사이야스는 굉장히 좋은 사람이니까 그에게 웃는 일이 가득했으면 좋겠다. 나의 훌륭한 비서이자 보디가드이자 가족이자 친구였던 그 아이를 언젠가 꼭 다시 만나게 되면 좋겠다.

160개의 네잎클로버

"휘이익!"

일정한 듯 아닌 듯 리듬에 맞게 쪼개지는 박수소리와 가늘고 청량한 휘파람 소리가 울려 퍼지는 미술 교실, 지금 나는 학생들 앞에 서 있다. 어색해하던 그들을 처음 만났던 그때와 같은 모습이지만 다른 게 있다면 그때는 처음이었고 지금은 마지막 순간이라는 것이다. 무성한 벅차오름과 절절한 감격, 먹먹함이 요동치고 있다. 그동안 선별해 놓은 선물을 책상 위에 쫙 펼쳐 놓고서 가장 성실했던 학생들에게 그동안의 대가를 지불한다. 그들에게 박수갈채를 뒤집어씌우고서 오늘의 주인공이 된 기분을 선사한다. 한 명씩 이름을 호명한다. 들뜬 표정으로 자신의 차례를 기다리는 학생들은 그 어느 때보다 흥분 상태다. 어떤 학생들은 특유의 에티오피아 어깨 떨기춤을 추며 넘치는 흥을 모두와 나눈다.

그 누구도 반박할 수 없는 도장 개수의 위력인 걸까? 찌푸리는 사람 없이 모든 이에게 박수를 받으며 160명의 선물 증정식을 끝마쳤다.

월요일도, 화요일도, 수요일도, 목요일도 다 같이 웃으며, 노래하며, 환호하며, 기뻐하며, 꿈꾸며 이 교실의 마지막을 함께했다.

"오늘 여러분들과 마지막 수업이었네요. 그동안 수업을 잘 들어 줘서 고마웠어요. 이제 나는 한국으로 돌아가요. 여러분들 덕분에 1년

동안 나는 많이 행복했어요. 내 수업이 어땠는지 내가 여러분들에게 좋은 선생님이었는지 많이 궁금하지만 지금은 그것보단 앞으로의 여러분이 더 궁금해요."

하고 싶던 말을 하나라도 놓칠세라 말을 이어 나갔다.

"이제 내가 없어도 나눠준 재료들을 잘 사용할 수 있겠지요? 내가 여러분들과 함께할 수 있는 건 여기까지지만 꼭 좋은 선생님이 되길 빌어요."

우리는 수많은 감정으로 찰방대는 마음을 나눈다. 부족하고 빈틈 많은 30개월 가운데서도 잘한 일을 꼽으라면 4개 학급에 골고루 쥐어준 추억들과 공평하게 뿌리내린 애정, 그리고 내일의 네잎클로버를 그들에게 선물한 것이다. 아마 그들이 웃는 이유 수천 가지 중에 한 번은 내가 있었겠지?

우리는 웃으며 헤어지자. 그래, 이렇게 내일 다시 만날 사람들처럼 평범하게 이별하자. 케케묵은 슬픔 같은 건 내비치지 말고 서로의 미래를 위한 격려만 남기는 거야. 가벼운 이별이라 할지라도 이런 기분이라면 제법 마음에 든다. 처음 우리가 낯설게 만난 것처럼 마지막도 우리는 낯설게 헤어지자.

CONGRATULATIONS TO ALL GRAD UATES OF 2011.
FROM 2nd YEAR

모든 것에게 고하는 안녕

너도 수고했어. 오늘 하루도 열심히 땀 흘렸을 태양에게 나지막하게 인사를 하고서 정돈되어 있는 의자 중에 하나를 꺼내어 털썩 앉는다. 텅 비어 있는 교실 안은 고요했다. 딱히 해야 할 일이 있는 건 아니었지만 쉽사리 발걸음이 떨어지지 않는다. 교실 안, 모든 것이 멈춰 있는 이 공간에 숨이 맞닿는다. 교실을 가득 채운 물감 향은 내 코를 자극하느라 분투 중이다. 주황빛 하늘을 맞이하는 그림자도 잠시 교실에 들러 늘어지게 기지개를 펴고 간다. 느린 템포의 배경 음악과 향긋한 커피 한 잔이 있다면 지금 내 기분을 더없이 완벽하게 표현해 줄 것 같다. 이 공간이 내게 선사하는 품격 높은 익숙함을 호화롭게 사용 중이다.

난 여전히 같은 곳에 홀로 서있지만 이젠 외롭지 않다. 여유를 조금 부릴 줄 알게 되고 고요함을 사치스럽게 쓰는 법을 알았다. 휘청거리던 나는 어느새 단단해진 것 같다. 이게 이별이 내게 주는 선물이라면 꽤 마음에 든다. 이곳에서 내쉬었던 숨들을 기억하려 차가워지는 공기를 몇 모금 더 머금어 두고서, 어둠의 장막을 고적하게 펼쳐 놓고, 미련은 거두고, 여운을 남기며 내 마음엔 마침표를 찍는다.

안녕, 나의 풋풋함 가득했던 환희.

안녕, 나의 열병 같았던 첫사랑.

안녕, 나의 반짝이던 별들.

안녕, 안녕!

사무치는 그리움을 묻어 놓는다

그동안 쌓아 두었던 짐을 하나씩 빼고 집을 비운다. 이 집에서 나의 흔적을 지운다. 그간 정들었던 열쇠 꾸러미를 집주인에게 반납하고 아쉬운 마음에 텅 비어 버린 집을 한 번 더 둘러보지만 괜한 질척거림이 더 미련스러운 것 같아 얼른 대문을 나선다.

그리움은 풀끝에 매달린 이슬방울에다가 깊숙이 녹여 두었다. 언제나 새벽이 오면 뚝뚝 떨어질 수 있도록. 애정을 망고나무에 매달아 놓았다. 뜨거운 햇빛 받으며 무럭무럭 자라 달콤한 열매를 맺을 수 있도록. 미니버스를 타기 위해 경쟁하고 점심으로 주문한 햄버거를 기다리고 있고 시내 작은 상점에서 가족과 친구를 위한 선물을 고르고 커피랑 주스를 두 잔 시켜서 마시며 마치 평소인 것 같은 흉내를 내본다. 내일 다시 이곳에서 쇼핑을 하고 커피를 마시러 올 것 같은데 다음으로 가야할 장소가 공항인 걸 보니 인정하기 싫어도 나의 에티오피아 생활은 이제 끝이 난 것 같다.

너무나 한결같아 영원할 것만 같았던 나의 봉사활동 이야기도 여기까지. 우리는 각자의 본분을 다했으니 웃으며 떠나도 될까.

나의 아와사, 언제나 행복이길.

나의 에티오피아, 언제나 사랑스럽길.

나의 아프리카, 언제나 복받치는 기쁨이길.

Gusto

5
+100(3040)

후회하거나 후련하거나

원하던 봉사활동을 갔지만 수업을 하면서 행복을 느끼기 전까지 온통 슬프고 우울한 시간들로 가득했다. 정말로 너무 힘들었다고 말하면 사람들은 이해할 수 있을까? 고비를 넘으면 더 큰 고비가 내 의지를 흔들었기 때문에, 난 이대로 고통을 안고 한국으로 떠날 수밖에 없다고 생각했다. 봉사활동을 떠나기 전부터 낯선 땅에서 산다는 게 얼마나 힘들지 어느 정도 예상은 했지만, 그땐 막연히 잘할 수 있을 거란 생각이 더 컸다. 힘든 고비는 나를 지나쳐갈 거라고 가볍게만 생각했던 것 같다. 하지만 그 고비는 나를 지나치지 않았고 생각보다 훨씬 더 크게 나를 눌렀다. 보이지 않는 적에게 매일 두드려 맞는 것 같은 답답한 고통이었다.

임기 초반엔 일도 엉켰고, 마음을 다잡아 보려 했지만 몸이 아팠고, 다시 새롭게 시작해 보려 했지만 강도를 만났다. 스스로 할 수 있는 일이 아무것도 없어 답답하기만 한 나날들이 계속됐다. 계속해서 마음이 불안하고 힘들었다. 뭘 해도 하나도 행복하지 않았기 때문에 웃음 짓고 있다가도 눈물이 그렁그렁 맺히는 이상한 경험을 반복하고 있었다. 물론 다른 사람들은 몰랐겠지. 사람들 앞에서는 웃고 있었을 테니까. 그런데 막상 포기할 수 있는 기회가 찾아왔을 땐 과감하게 포기하지도 못했다.

왜 포기하고 한국으로 돌아오지 못했을까?

짐을 몽땅 싸놓고 정말 떠나 버릴까 생각하다가도, 배움이 간절한 학생들을 두고 도망가는 기분이 들었다. 그들을 외면하고 돌아서기엔 내 마음이 편치 않았나 보다.

한국으로 돌아가면 내내 자책하며 인생에서 또 다른 좌절감을 느낄 것 같았다. 그래서 시련에 시원하게 도전 한번 해보고 진다면 깔끔하게 포기하자고 생각했다. 처음엔 1년만 버티자고 생각했다. 쉽진 않았지만 시간은 무심히 흐르더라. 그리 지겹던 기다림이 끝나니 내게도 수업이 생겼고 학생들에게서 반짝거리는 재능을 찾았다. 그 반짝임을 찾은 것만으로도 그동안의 고생을 보상받는 기분이었다.

사람은 망각의 동물인지라, 2년간의 고초를 다 잊어버린 건지 그저 스스로 떠올리지 않으려 애쓴 건지 모르겠지만, 힘들다고 포기하려 했던 마음이 무색하게 가르치던 학생들의 한 해를 수료시키고 떠나겠다고 다짐하며 덜컥 연장까지 해버렸다. 다양한 일을 겪었고 많은 감정을 느꼈고 돈으로 살 수 없는 특별한 선물을 받았다. 내게 30개월은 결코 헛되지 않은 시간이었다.

봉사활동은 내게 많은 걸 가르쳐 줬다. 우선 불행의 순간에 멈춰 있지 않고 흘려보내는 방법을 배웠다. 그리고 아프게 넘어졌을 때 유연하게 일어나는 법을 알게 되었고, 무기력한 내 모습에 무뎌지고 있을 때쯤, 배움이 고픈 학생들을 보며 반성하게 됐다. 도전하는 법을 배우고, 다양하게 생각하는 법을 알았고, 갇힌 세상에서 섣불리 가진 편견들을 봉사활동을 통해 깨버릴 수 있었다. 봉사활동을 통해 많이 아프고 많이 성장한 것 같다.

이제 누군가 물어본다면 봉사활동을 다녀오길 정말 잘했다고, 아니 다녀오지 않았다면 큰일 날 뻔했다고 말할 거다. 후회하거나 후련하거나 그것에 대한 나의 대답은 이미 나온 것 같다. 봉사활동을 통해 얻은 내 인생의 후련함을 더없이 만끽하려 한다.

봉사활동 그 후

사람들은 내게 물어봐요.

"봉사활동? 갔다 오면 그걸로 뭘 할 수 있는데?"

그러게요. 나도 내가 좋아하는 것만 할 수 있는 나이가 아니라는 걸 잘 알고 있어요. 그래도 사람들은 각자의 기준을 세워 자기가 필요한 부분을 좇으며 살아가고 있잖아요. 그게 돈이 될 수도 있고, 한 번뿐인 인생의 즐거움이 될 수도 있고, 안정적인 미래 보장이 될 수도 있겠지요. 누구나 인생을 빛나게 살아보고 싶을 텐데, 나도 내 삶에 생명을 불어넣는 순간 인생이 빛나기 시작했어요. 그 생명은 아마 내가 부여한 시시콜콜하고 나에게만 의미 있는 일일 수도 있지만, 아무렴 어때요. 남들이 인정해 주지 않는다고 내 삶의 가치가 떨어지는 건 아니잖아요.

한국에 돌아온 후 저의 30개월은 그저 고여 있는 웅덩이가 될 거라 생각했었는데, 30개월의 마지막엔 '끝'이 아니라 '시작'이 날 기다리고 있었어요. 복잡한 수고가 새로운 세상의 출발점으로 안내하더라고요.

요즘은 미술 수업 이외에도 KOICA 직무교육과 세계시민교육 강의를 다녀요. 초등학생부터 성인까지 만날 수 있는 사람들이 더 풍요로워졌어요. 그들과 좀 더 체계적으로 빈곤, 인권, 교육, 복지, 환경, 에

너지 등 다양한 이야기를 나눠요. 국제개발협력의 주체가 '나'라는 것을 좀 더 이른 나이에 깨닫게 되는 거죠. KOICA 단원으로 뽑혀 미술교육 분야로 파견을 나가는 사람들은 직무교육을 통해 현지 상황에 맞게 대비하고 수업을 준비해 가요.

내 나름의 방식으로 국제개발을 알리고 있어요. 아마 내 방식으론 파급력이 미미하겠죠. 그래도 여전히 내가 할 수 있는 최선의 방법으로 삶을 나누고 있어요. 보이지 않는 작은 힘이지만 제법 꾸준히 움직이고 있어요. 매일매일 새로운 사람들에게 시작을 알릴 수 있어서 즐겁고 신나요. 여전히 미술과 봉사활동을 통해 세상을 이어나가기를 꿈꾸고 있어요. 개발도상국 아이들이 그림을 통해 세상과 연결될 수 있다면 얼마나 좋을까요. 나는 그 세상에서 가장 행복한 사람이 되어 펑펑 울고 말겠지요. 언젠가의 그날을 위해 의미 있는 일을 계속 찾아낼 거예요.

왜 세상은 이렇게 주관식만 가득한지 궁금했어요. 그런데 이제는 조금 알 것 같아요. 답을 정해 놓지 않은 건, 그만큼 많은 길을 정답으로 인정해 주려는 우리 인생에 대한 배려인 것 같아요. 이 이야기들이 다른 사람에게 봉사활동을 시작할 수 있는 계기가 된다면 얼마나 좋을까요. 그렇게 된다면 나는 날개가 없어도 하늘을 나는 것 같은 기분이 들고 말거예요. 나는 지금도 지구 모퉁이 어딘가에서 모두의 공평한 기회를 만들기 위해 작은 걸음을 걷고 있어요. 다른 객관적인 조건과 상관없이 의미 있는 삶이 되도록 노력하면서요.

어린 날의 기억이 찾아와

어린 시절 나는 남달리 약한 몸을 가지고 있었다. 활동적인 것을 좋아하지만 뛰어다닐 수 없었던 탓에 체육시간에는 빈 교실을 지키며 친구들이 뛰어노는 것을 바라봐야 했고, 수업을 마치면 아빠에게 업혀 집으로 돌아오곤 했다. 지금은 기억에서 희미해진 누군가가 병문안을 오며 가져다준 책과 만화책으로 무료한 시간을 달랬었다. 그 덕분인지 그림이나 미술에 대한 재능을 일찍 발견할 수 있었지만, 그 시절 나는 많은 생각을 할 수밖에 없었다. 허약한 몸을 가졌기 때문에 아이들에게 놀림 당했고, 또래처럼 행동할 수 없었기에 생활에서 오는 불편을 참아 내야만 했다. 세상의 편견이 얼마나 불편한지 일찍부터 알게 되었다.

그래서일까? 몸이 불편한 사람들의 물건을 사주고, 연말마다 크리스마스 씰을 사고, 시장에 가면 나이 많은 할머니의 채소를 사는 것, 그것이 어린 내가 할 수 있는 작은 나눔이었다. 하지만 반에서 따돌림을 당하는 친구를 도왔다는 이유로 나까지 괴롭힘을 당했을 땐 남을 돕는 것이 언제나 좋은 결과를 주는 것이 아니라는 것을 알게 되었다.

많은 것이 겹치니 삶의 목표는 그저 또래와 같이 보통의 삶을 살아가는 것이 되었다. 많은 것을 숨기고 마음을 닫고 남들 같은 삶을 따라가는 것이 최선이라 생각했다. 오랜 시간이 흘렀고 나는 내가 내 삶에 만족하는 줄 알았다. 그러나 나에게 작은 불씨가 튀었고 많은 고민을 하고, 결국 내가 살아 있는 기분을 느낄 수 있는, 내가 주체가 되는 삶을 살기로 마음먹었다.

약점이라 생각했던 여린 마음은 상대를 깊게 이해할 수 있는 장점이었고, 편견과 싸우던 어린 날의 기억은 상대의 마음을 역지사지로 생각할 수 있는 힘이 되었다.

봉사활동이라는 것은 나의 희생으로 만들어지는 것이 아니라 나와 상대가 함께 성장하며 완성되는 것이란 걸 알게 되었다. 희생으로 내 존재가 사라지는 것이 아닌 나와 상대방의 존재의 의미가 선명해지며 완성되는 아름다운 해피엔딩이었다. 온 마음을 다해 나를 나누고 후회 없을 만큼 그들을 사랑하기를, 그리고 그 마음이 마르지 않도록 계속해서 샘솟기를…

문득 어린 시절을 떠올려도 슬프지 않은 건, 봉사활동을 통해 채운 나의 존재감이 아팠던 기억마저 좋은 기억으로 바꿔 놓았기 때문인 것 같다.

당신은 이미 멋진 사람

"에티오피아는 생각하는 것과 많이 달랐어요."

나의 강의는 항상 이렇게 시작한다. 처음 내가 그랬듯, 많은 사람들이 가지고 있을 편견을 깨는 것에 주력한다. 강의를 듣는 사람들이 파견지에 나가서도 시행착오를 덜 겪도록 요령을 알려 주고, 자신감을 잔뜩 심어 주어 흔들리고 지치더라도, 그만큼의 가치가 있기에 매 순간 포기하지 않도록 격려한다.

강도를 만나 에티오피아에 오만정이 떨어졌던 일, 시간 약속이 잘 지켜지지 않아 힘들었던 일, 그들의 느긋한 성미 때문에 속 터졌던 일, 이유 없이 조롱하고 놀려 대는 사람들 때문에 화났던 일, 밥 먹듯 소매치기에게 털리는 지갑과 핸드폰, 돌멩이에 맞고도 혼자서 대처할 수 없어 답답했던 일, 그럼에도 불구하고 이 모든 것들을 사소한 한 줄로 만들어 버린 사람들의 따뜻한 사랑과 관심들로 버텨 냈던 나의 시간을 말한다. 개발도상국의 사람들은 경제지표로는 가난하지만, 결단코 그들의 마음까지 가난하지는 않았다는 것을 어찌 하루에 단 몇 시간으로 다 설명이 가능할까.

계속해서 현지 수업에서 겪었던 이야기들을 풀어 놓는다. 갑자기 나타난 돌발상황, 수많은 시행착오, 수업에서 얻는 깨달음과 반성, 학생들을 가르치며 느꼈던 많은 보람들과 수업을 성공시키고 뿌듯함에 잠 못 이루던 날들, 학생들의 숨어 있는 재능을 찾아내는 일까지. 흙바닥을 뒹굴고 쓰라린 상처를 매만지던 나의 30개월을 이야기하며, 많은 선생님들이 파견국에서 겪을 작은 상처들과 그것을 보듬어줄 수 있는 유연한 대처 능력들을 나눈다. 힘들면 잠시 쉬어 가도 괜찮다고, 당신의 곁에 있는 사람에게 기대어 한숨 쉬어도 괜찮다고, 쉽게 포기하지 않으면 오래 행복할 수 있다고, 그렇게 극복한 갖가지 일들이 마지막엔 당신들에게 극적인 희열을 선물할 거라고 이야기한다. 지금 나는 그들에게 아프지 않게 잘 넘어지는 방법을 알려 주고 있다.

선생님들은 진지한 표정으로 나를 바라보고 있다. 이 많은 이야기들이 자신의 이야기가 될지, 그저 다른 사람의 경험담일 뿐일지 아직 일어나지 않은 먼 미래에 대한 가벼운 호기심과 걱정들로 가득이겠지.

나도 에티오피아로 출국하기 전에 저런 표정이었을까? 교육 봉사라는 것을 잘하고 돌아올 수 있을지, 2년이라는 시간은 왜 이리도 길게 느껴지는지 출국을 기다리며 자꾸만 작아지는 내 모습이 우울해 보였을까? 굳게 결심했지만 막상 내 앞에 배달된 감당하기 힘든 걱정과 불안함 앞에서 주위 사람들의 말에 많이 흔들렸던가? 강의를 하는 내내 시작점에 서있던 내 모습이 떠올라 풋풋한 마음이다.

새로운 도전을 위한 커다란 포부가 출국이 다가올수록 부담과 불안으로 변할지 모른다. 익숙하지 않은 낯선 땅에서 사는 것이 얼마나 겁이 날지, 그러면서도 봉사활동이라는 것이 주는 쾌감을 얼마나 느껴 보고 싶을지, 두렵지만 포기하고 싶지 않은 그 마음이 충분히 이해되기에 그들에게 말한다.

"상황이 최악일수록 아주 작은 것에다가도 의미를 두었어요. 심리적인 안정감을 주려고요. 그러면 조금만 기쁜 일이 있어도 만족감이 최대가 되더라고요. 그렇게 작은 만족감을 가득 만들어 두었죠. 그것들이 뭉치는 힘은 꽤 단단했어요. 어떤 어려운 일을 겪더라도 상처를 잘 아물게 해주었거든요. 시련이라는 녀석은 제법 다양한 방법으로 나의 봉사 의지를 꺾으려 할지도 몰라요. 그래도 진심 어린 모습을 보여 줘야 해요. 꾸준하게요. 너무 두려워하지 마세요. 스스로를 믿어요. 봉사활동을 떠날 결심을 했다면 그것만으로도 당신은 이미 수많은 걱정을 극복한 아주 멋진 사람이니까."

반짝이는 별에 기대어

에티오피아에서 만난 무수한 어둠속에서 별들이 내려 주는 빛줄기로 외로움을 달래곤 했다. 은하수가 나타날 때면 집 안 전체 불을 끄고 작은 의자를 앞마당으로 가져와 기댈 만한 마땅한 벽을 두고 앉아, 투명한 주전자에 뜨겁게 끓여 놓은 차를 마시며 별빛 무리를 맞이하기 위해 온전한 어둠 속에 녹아들기도 했다. 밤하늘이 힘차게 쏟아내는 별빛에 기대어 고독함을 반짝이게 다듬어 내곤 했다. 이 순간들이 내가 에티오피아에게서 받은 가장 선명한 형태의 행복이었다.

하지만 내 생에 가장 잔인한 선물을 받은 날도 어둠이 가득한 날이었다. 나쁜 사내에게 쫓기던 밤, 눈을 뜨고 있는데도 까만 어둠 속에서 벗어날 수 없고, 아무리 발버둥 쳐도 끝나지 않는 이 검은 그림자 안에서 밤하늘을 증오했었다. 왜 내게만 이런 혹독한 시련을 주는지 어둠이 가진 무서움을 몰라 본 대가를 톡톡히 치러야 했다.

때론 반복되는 고독에 지쳐 내 세상을 온통 까맣게 만들고, 잠 대신 밀려드는 슬픔을 벗어나려 애써 보기도 했지만, 벗어날 수 없는 어둠은 쓰러져 있는 나를 조롱하며 비웃는 듯했다. 나를 괴롭히는 지독한 이 어둠을 헤쳐 나갈 수 있는 샛별이 떠오르길 빌었다.

반짝이는 샛별이 떠오르지 않는다면 지금껏 받았던 모든 환희와 기쁨을 모두 반납하고 에티오피아를 떠나 버리겠다며 으름장을 놓기도 했다. 그렇게 부정적인 감정들이 집약되어 모든 걸 포기하고 싶었을 때, 내 곁에 있던 사람들이 온통 까만 내 마음속에 들어와 반짝이는 별이 되었다. 그들이 내게 던져준 작은 배려는 기댈 곳 하나 없던 나의 안식처가 되었고, 내게 던져 주는 보통의 관심에 의지해 간신히 일어설 수 있었다. 학교 선생님들, 나의 학생들, 단원들, 친구들, 가족들이 없었다면, 나는 에티오피아라는 나라를 진작 떠나 버렸을지도 모른다. 낮에 별이 보이지 않는다고 별이 존재하지 않는 게 아니듯, 내가 보려 하지 않았을 뿐 그들은 내 곁에서 계속 반짝이고 있었다.

에티오피아를 떠나오던 날, 밤바람이 싸늘했지만 마지막까지 내가 좋아하는 것들로 가득했다. 간절하게 빌었던 나의 소원은 결국 이루어진 것 같다. 온통 내 마음에 행복한 마음을 간직한 채 에티오피아를 떠날 수 있었다.

나의 30개월이 스쳤던 모든 반짝이는 별들에게 말하고 싶다. 그대들이 있었기에 시련을 버텨낼 수 있었고, 한국에 돌아와서도 지금을 의미 있게 살아가는 중이라고, 함께해 주어 고맙다고. 언젠가 다시 그대들에게 닿는 날을 그리워하고 있으니 다시 만나는 날까지 부디 나를 잊지 말아 주길 바라며, 나의 반짝거렸던 별들에게 기대어 위로받았듯 나도 누군가의 반짝이는 별이 될 수 있는 그날을 소망한다고.

떠남의 해답

봉사활동을 시작하기 전, 남들처럼 평범하게 살기 위해 노력하던 내가 아프리카 땅의 낯선 이방인이 되어 가만히 있기만 해도 주목받는 사람이 되었다. 에티오피아 사람들과 달랐기 때문에 범죄의 표적이 되기도 하고 그들과 다르기 때문에 유별나게 보호받기도 했다. 나는 그들 안에서 특별한 다름을 가지고 있었다. 그 특별한 다름 때문에 겪은 일들은 많이 험난했지만 꽤 즐거웠다고 기억한다.

더 이상 나는 누구의 삶과 비교하며 속박당하지 않기로 했다. 내 방식대로 걸어가는 길에 여유가 생겼다. 남들보다 늦게 결승선에 도달하더라도 일분일초가 의미 있는 삶을 살았고, 도전했기에 충분히 가치 있었으며 서툴지만 여전히 도전 중이다. 한숨을 쉬며 주변을 돌아보았기에 내게 주어진 새로운 길을 찾을 수 있었고, 낯선 감정에 흔들리고 나서야 진정한 자아를 찾게 되었다. 내 존재의 이유를 찾았고, 이제는 사람들의 비난이 격려로 바뀌었다. 내가 다녀간 그곳이 단숨에 발전할 순 없겠지만 서서히 변화하는 미래를 꿈꾸게 되었고, 유별나다 생각했던 내 삶은 인간의 보편적인 삶을 나누는 가치 있는 일이라는 것을 알게 되었다.

우리의 인생은 밝게 빛날 순간을 위해 여전히 어둠 속에서 방황하기도 한다. 이제는 어둠을 한번 이겨 내었다고 성공한 것도 아니고,

모든 시련이 끝나는 것도 아니라는 걸 알게 됐다.

대학생 시절 나는 영글지 않은 상태로 방황하며 고민했다. 수없이 생각했지만 어차피 처음부터 해답은 없었을지도 모른다. 자칫 망설이고만 있었다면 가지 않은 길에 대한 미련으로 넘쳐흘렀겠지. 어쩌면 많은 시간을 떠나보내고 나서야 너무 늦어 버린 나이에 죄 없는 누군갈 탓하며 멀어져 버린 처음으로 돌아가려고 애쓰고 있었을지도 모르겠다.

에티오피아에서 버텨낸 30개월은 평생을 지탱하기에 충분할 만큼 행복했다. 내가 존재함을, 내가 살아 있음을 느낄 수 있었기에 굳이 다른 이유를 떠올리지 않아도 좋을 것 같다.

여전히 내 무의식의 흐름은 봉사활동을 가리키고 있다. 난생처음 사는 인생에서 몇 번이고 넘어지지만 어설퍼서 실패하더라도 열심히 살아가는 중이다.

홀가분한 격려

미술을 하며 설레는 마음으로 살고 싶었는데, 봉사활동을 통해 앞으로 미술을 더 열심히 공부할 이유를 찾을 수 있었다. 한참을 돌아 내 자리에 도착했을 때 내가 미술을 공부하기 참 잘했다는 생각이 들었다. 내 존재가 누군가에게 도움이 된다는 건 굉장히 감격적인 거다. 떠나본 후에야 그 자리가 소중한 자리임을 알 수 있듯이 행동해야만 세상은 움직인다는 걸 알게 됐다.

처음엔 2년 동안 수업만 하면 되지 않느냐고 쉽게 생각했지만, 아이들과 부대끼다 보니 내가 그들의 인생에 얇게나마 영향을 줄 수 있는 사람이 될 수도 있겠다는 생각이 들었다. 선생이라는 위치가 무겁게 느껴지고 말과 행동에 책임감이 생겼다. 사람들은 가르침을 받지 않았기 때문에 틀리게 행동했고 뭐가 잘못됐는지 모르고 있었다. 가난이 주는 황폐한 삶이 그들의 잘못이 아니듯, 가르침을 받지 못한 건 그들의 잘못이 아니었다. 내가 모든 이의 사고방식과 행동을 바꿀 순 없지만, 바른 방향으로 갈 수 있게 이정표를 세워 뒀으니 그들이 옳다고 판단하는 쪽으로 걸어가겠지. 일단은 그들이 선택할 수 있는 길을 만들어 주고 왔다는 것에 만족하려 한다.

내가 그곳에서 했던 행동이 모두 정답이 아니겠지. 난 완벽한 사람이 아니니 여전히 아쉽고 부족하고 서투르다. 멍청하게 시간을 낭비할 때도 있고, 시행착오를 겪고 좌절하고 슬퍼하고 낙담하기도 한다. 하지만 모든 눈물 뒤에는 배움이 있었다. 예전보다는 분별 있게 세상을 볼 수 있는 눈을 가지게 된 것 같다.

선생님은 자신이 아는 것을 가르치는 것이 아니라 학생의 가능성을 꺼내 줘야 한다고 했는데 나는 그 아이들에게 어떤 선생이었을지 궁금하다. 나는 학생들이 펼치고 싶은 것들을 자유롭게 꺼내 주는 선생이었을까? 결국 나는 가르치러 갔다가 많은 깨달음을 얻게 된 셈이구나.

언젠가 다시 아와사에 가보고 싶다. 학교 선생님들과 학생들, 이사이야스, 파스텔톤의 하늘, 콩 벌레 같은 바자지, 노란 파인애플, 무지개빛 주스, 달콤새콤한 커피, 이사이야스와 함께 심어 놓은 망고나무와 장미꽃, 매일 밤 쏟아질 듯한 별들, 핑크빛 향기 가득한 아와사가 어떻게 나이 먹어가고 있는지 궁금하다. 언젠가 다시 에티오피아에 서있는 날이 오리라.

여리지만 예리했고 느슨하면서도 단호했다.

따뜻하면서도 철저했고 감성적이지만 명확했다.

서글프면서도 명랑했고 고독하면서도 행복했다.

두려우면서도 담담했고 괴로우면서도 소망했다.

'박정은'이 '사라'로 살았던 30개월을 끝맺음하며, 더없이 홀가분한 격려를 보내려 한다.

ማር አለ

ፖስታ
POST

World Friends Korea는 무엇인가요?

월드프렌즈코리아(World Friends Korea, WFK)는 우리나라 정부부처들이 개별적으로 추진해 오던 해외봉사단 사업을 단일브랜드로 통합한 새 이름입니다.
"WFK"는 도움을 받는 나라에서 도움을 주는 나라로 성장한 경험을 통해, 개도국 이웃들의 어려움을 누구보다 공감하는 우리 국민들의 따뜻한 마음을 표현하는 이름입니다.

WFK는 '세계의 친구'로서 국제사회에 기여하는 한국인의 이미지를 더욱 선명하게 알리고, 앞으로 다 함께 잘 사는 인류사회 건설을 위한 아름다운 변화에 앞장설 것입니다.

WFK-한국해외봉사단	http://kov.koica.go.kr
WFK-대학생해외봉사단	http://kucss.or.kr
WFK-해외인터넷청년봉사단	http://www.nia.or.kr/kiv
WFK-중장기자문단	http://kov.koica.go.kr
WFK-개도국과학기술지원단	http://tpc.nrf.re.kr
WFK-퇴직전문가	http://www.nipa.kr
WFK-세계태권도평화봉사단	http://tpcorps.org

21세기 글로벌청년리더가 되는 길, WFK-한국해외봉사단

WFK-한국해외봉사단은 2년간 개발도상국 주민들과 함께 생활하며 교육 및 직업훈련, 농수산업, 보건위생, 농촌개발 등 분야에서 기술 지원 및 교류 활동을 통해 그들의 삶의 질을 높이고, 더 나아가 우리나라와 파견국의 상호이해증진에 기여하게 됩니다. 귀국 후에는 해외봉사활동 경험을 우리 사회에 환원하고 21세기 글로벌 인재로서 능력을 발휘하는 기회가 될 수 있습니다.

WFK 한국해외봉사단은 개발도상국의 지속 가능한 경제·사회발전을 돕기 위한 공적개발원조 ODA 사업의 하나입니다.

WFK-한국해외봉사단 파견 유형

봉사정신이 투철하고 심신이 건강한 만 20세 이상 대한민국 국민이면 누구나 지원할 수 있습니다.

일반봉사단원

군복무를 필하였거나 면제된 자로서 해외에서 봉사활동을 수행할 수 있는 일정 수준의 자격을 갖춘 만 20세 이상 단원

시니어봉사단원

파견분야 10년 이상의 근무 경력과 전문성을 갖춘 만 50세 이상 단원

KOICA자문단원

관련 분야 현직, 퇴직 전문가로서 해당 분야 10년 이상 실무 경력이 있는 자

드림봉사단원

특성화고 및 마이스터고 졸업 예정자 또는 졸업 후 2년 이내의 자

전문봉사단원

- **글로벌 새마을 청년봉사단**
  만 19세 이상~만 34세 이하, 대학 6학기 이상 수료자
- **보건교육 프로그램 및 국제개발 직종 봉사단**
  만 19세 이상, 해당 국가가 요청한 자격 기준에 해당되는 자

WFK 한국해외봉사단 모집 다양한 분야와 직종을 선발합니다

WFK 한국해외봉사단 활동인원은 1,393명(2016년 3월).
지난 26년간 65개국에 13,272여 명이 파견되었습니다.

교육

취학연령아동들이 대상으로 하는 기초교육기관, 성인을 대상으로 하는 중등교육기관, 미취업자 및 구직자를 위한 직업훈련학교에서 활동하며, 전반적인 인적자원개발을 지원하고 있습니다.

직종 과학, 미술, 미용, 수학, 요리, 체육, 유아교육, 음악, 직업훈련, 특수교육, 한국어 등

공공행정

정부부처, 관공서, 학교 등에서 활동하며, 개발도상국과 선진국 간 정보 격차 해소를 목표로 우리나라의 우수한 행정경험을 전수하고 있습니다.

직종 경영, 경제, 관광, 마케팅, 박물관, 사서, 사회복지, 통신기술

보건

병원, 보건소 등에 파견되어 위생환경 개선, 전염병 예방, 모자보건 증진을 위해 활동하고 있습니다.

직종 간호, 물리치료, 방사선, 보건일반, 영양관리, 임상병리, 작업치료, 치위생

산업에너지

경제개발의 근간이 되는 산업 및 에너지 분야에 파견되어 관련 기술을 전수하고 있습니다.

직종 건축, 공예, 기계, 섬유/의류, 식품가공, 용접, 자동차, 전자, 토목 등

농림수산

개발도상국 농어촌 주민들과 함께 생활하며 지역의 소득증대, 생활환경 개선을 위해 활동하고 있습니다.

직종 농경제, 농기계, 농업일반, 수산양식, 수의사, 원예, 임업, 지역사회개발, 축산

초판 인쇄 2017년 12월 28일
초판 발행 2017년 12월 29일

지 은 이 박정은
발 행 인 최성호
발 행 처 한국국제협력단
주 소 경기도 성남시 수정구 대왕판교로 825
전 화 031.740.0114
팩 스 031.740.0247
홈페이지 http://www.koica.go.kr

펴 낸 이 윤태현
편 집 선형숙
디 자 인 윤의숙
펴 낸 곳 시나리오친구들
출판등록 1999년 3월 5일 제201-13-917호
주 소 서울시 마포구 아현동 굴레방로1길 6
전 화 02.712.9286
팩 스 02.712.9284

ISBN 978-89-89538-87-5 (03810)
값 13,000원

- 오아시스에서 잠을 깨다 시나리오친구들
  송영일 우즈베키스탄 국제협력의사
- 우르겐치에서 건넨 인사 (주)디자인인트로
  이강철 우즈베키스탄 한국어교육분야 봉사단원
- 수나와 타미르의 몽골이야기 (주)디자인인트로
  이정순 몽골 한국어교육분야 봉사단원
  양용열 몽골 컴퓨터분야 봉사단원
- 이집트에서 한국어선생님으로 살기 시나리오친구들
  윤슬기 이집트 한국어교육분야 봉사단원
  민경진 이집트 한국어교육분야 봉사단원
  김미정 이집트 한국어교육분야 봉사단원
- 라흐멧, 카자흐스탄 시나리오친구들
  유은지 카자흐스탄 한국어교육분야 봉사단원
- 모로코에 간 따따 소피아 (주)디자인인트로
  이지선 모로코 유아교육분야 봉사단원
- 서른, 꿈 그리고 아프리카 시나리오친구들
  이재헌 탄자니아 국제협력의사
- 탄자니아 마사이 마을 꼬레아 음렘보 (주)디자인인트로
  권유경 탄자니아 여성분야 봉사단원
- 꼬호머더, 스리랑카? 시나리오친구들
  안종현 스리랑카 건축분야 봉사단원
- 프라하, 탄자니아에 빠지다 시나리오친구들
  최은주 탄자니아 간호분야 봉사단원
- 열정의 자취 : 적도 에콰도르에서 시나리오친구들
  우충환 에콰도르 교육일반분야 중장기자문단
- 아산테 탄자니아 시나리오친구들
  이웅준 탄자니아 과학교육분야 봉사단원
- 아잔의 숲 시나리오친구들
  김우진 이집트 한국어교육분야 봉사단원
- 내 이름은 테스파 시나리오친구들
  박강민 에티오피아 컴퓨터교육분야 봉사단원
- 아름다운 탄생 위대한 탄생 시나리오친구들
  최준영 탄자니아 국제협력의사
- 쑤쑤 아줌마 쑤쑤 코이카 시나리오친구들
  김경희 태국 한국어교육분야 봉사단원
- 영원한 청년 in 파라과이 시나리오친구들
  이상옥 파라과이 초등교육분야 봉사단원
- 한국어가 꽃피는 사마르칸트 시나리오친구들
  이석례 우즈베키스탄 한국어교육분야 봉사단원
- 아름다운 후안 시나리오친구들
  박종환 파라과이 초등교육분야 봉사단원
- 캄보디아의 소피아 선생님 시나리오친구들
  안진선 캄보디아 미술교육분야 봉사단원
- 별난 여자, 코이카를 만나다 시나리오친구들
  최순옥 세네갈 컴퓨터교육분야 봉사단원
- 부부함께 코이카 사랑 이야기 시나리오친구들
  주태균 홍중옥 페루 초등교육분야 봉사단원
- 나무나 세네갈 시나리오친구들
  이영운 세네갈 교육일반분야 KOICA 자문단
- 샤시칼라 스리랑카 시나리오친구들
  정란 스리랑카 한국어교육분야 봉사단원
- 반짝이는 별에 기대어 시나리오친구들
  박정은 에티오피아 미술교육분야 봉사단원